AF343511

EMMANUEL AU SAHEL

Itinéraire d'une défaite

Leslie Varenne

EMMANUEL AU SAHEL

Itinéraire d'une défaite

Max Milo

À tous mes amis d'Afrique de l'Ouest,

*À tous ceux qui ont collaboré à ce livre par leur amitié,
leurs témoignages, leurs analyses, leur vécu : Danielle,
Nathalie, Yehia, Ismaël, Daouda, Bruno, Éric, Thierno,
Ali, Hajni et tant d'autres qui se reconnaîtront.*

*À Charlotte qui partage avec les Sahéliens
le courage, l'endurance et la foi.*

Qui connaît l'autre et se connaît lui-même
peut livrer cent batailles sans jamais être en péril.
Qui ne connaît ni l'autre ni lui-même perdra
inéluctablement toutes les batailles.

Zun Tsu

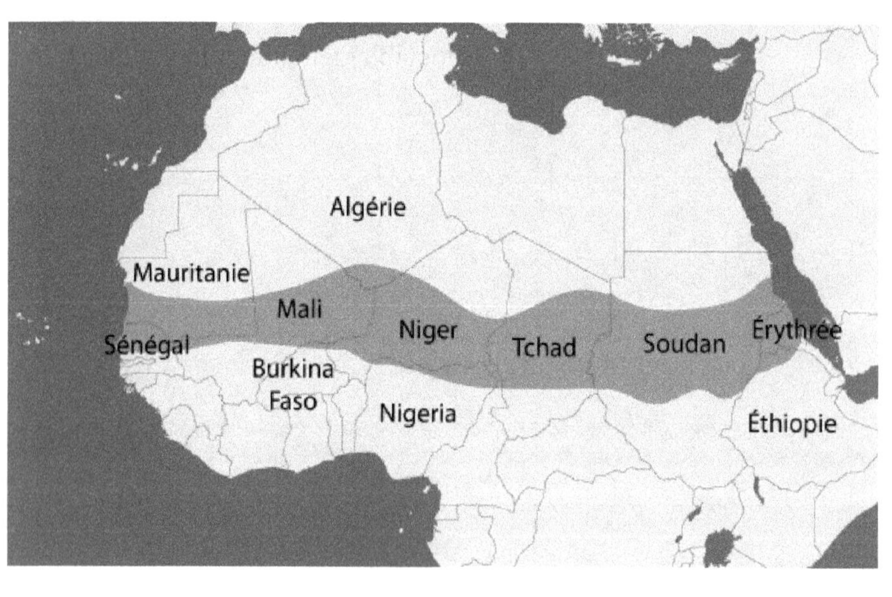

Algérie
Mauritanie
Mali
Sénégal
Niger
Burkina
Faso
Nigeria
Tchad
Soudan
Érythrée
Éthiopie

Introduction
Un président qui ne sait pas
qu'il ne sait pas...

Emmanuel Macron prononce le discours d'investiture de son premier quinquennat le 14 mai 2017. Le lendemain, il est à Berlin, étape devenue singulièrement rituelle pour chaque nouveau locataire de l'Élysée. Quatre jours plus tard, il débarque sur la base de Barkhane à Gao, au Mali.

Sur le plus grand théâtre d'opération de l'armée française, en costume et cravate sombres, sur fond des tentes couleur sable et du matériel militaire, il prend la parole[1]. Le nouveau président endosse le rôle de chef des armées et en assume «l'immense responsabilité». L'attitude est raide, les gestes sont tranchants, le verbe suit la posture.

Sa «détermination complète», son «engagement résolu» s'expriment dans un discours martelé comme une suite d'engagements :

---

1. https://www.francetvinfo.fr/economie/emploi/metiers/armee-et-securite/video-macron-au-mali-l-operation-barkhane-ne-s-arretera-que-le-jour-ou-il-n-y-aura-plus-de-terroristes-islamistes-dans-la-region_2198642.html

«l'opération Barkhane ne s'arrêtera que le jour où il n'y aura plus de terroristes islamistes dans la région et où la souveraineté pleine et entière des États du Sahel sera restaurée. Pas avant. »

Usant abondamment de la première personne du singulier, il assène : «Je veux que tout ce qui est inscrit dans les accords d'Alger soit appliqué». Il sera «un chef exigeant» avec ses partenaires sahéliens et algériens qui ne peuvent s'autoriser à manifester quelque faiblesse que ce soit à l'égard de groupements terroristes. «C'est simple», ajoute-t-il, «je ne suis pas plus compliqué que cela. »

Président depuis cinq jours, il a la solution : «La clé de tout cela, c'est de construire la paix si on veut désengager nos forces armées, c'est d'avoir une feuille de route diplomatique qui permet la stabilisation et j'œuvrerai sur le plan diplomatique sur deux sujets en particulier, la Libye [...] et la Syrie. » Il conclut «Ce n'est pas plus compliqué que cela»...

Il profite de ce premier discours hors du vieux continent pour louer la coopération franco-allemande et lancer un message à l'Europe pour qu'elle prenne toute sa part dans le combat sahélien : «La France ne peut assurer seule la sécurité de l'Europe face aux terroristes. »

Avant de quitter les lieux, le chef de l'État annonce un sommet sur le Sahel, une de ces grand-messes qu'il affectionnera tout au long de ses quinquennats.

Puis, après un petit tour d'hélicoptère au-dessus du fleuve Niger, le président français s'en va.

Ce passage à Gao aura duré six heures chrono. Six heures comme un film en accéléré où tout, dans son attitude avec son homologue, dans la posture, le discours, le choix des mots, préfigure la manière dont Emmanuel Macron gérera les affaires internationales.

À ce titre, la guerre au Sahel aura été un formidable révélateur de tous les dysfonctionnements de sa politique étrangère du continent africain au Moyen-Orient. Cinq ans après ce discours inaugural, alors que les «terroristes islamistes» occupaient toujours plus de territoires, l'opération Barkhane quittait le Mali, dans la foulée elle était sommée de plier bagage au Burkina Faso puis au Niger.

Le volontarisme affiché du président s'est fracassé sur le mur des réalités. Au fil des ans, les rangs des djihadistes se sont renforcés. Les militaires français n'ont pas failli, l'armée a fait le job, multiplié les victoires tactiques, sans remporter pour autant de succès stratégique. Car à l'heure du bilan, ce n'est pas le nombre de chefs «neutralisés» qui compte, c'est l'espace conquis par les groupes armés. C'est le nombre de morts civils et militaires, le nombre de villageois déplacés, le nombre de réfugiés qui compte. Des chiffres qui ont enflé année après année. Ce qui compte, c'est la situation toujours plus explosive tant d'un point de vue sécuritaire que démocratique.

En Afrique comme au Moyen-Orient, les crises internationales n'ont fait aucun cadeau à Emmanuel Macron. Toutes les fautes commises lui sont revenues comme un boomerang, toutes les portes qu'il a essayé d'ouvrir pour sortir des pièges dans lesquels il est tombé sont restées fermées.

L'Europe ? Le constat est sans appel : elle n'a pas été au rendez-vous. La coopération franco-allemande ? Sans surprise, Berlin a joué solo. Libye, Syrie ? La paix, c'est la guerre et la guerre c'est la paix...

Ce livre est l'histoire d'un président qui ne sait pas qu'il ne sait pas. Il ne choisit donc pas ses collaborateurs en fonction de leurs compétences et de leurs parcours passés. Il décide seul sans s'appuyer sur l'expertise de la diplomatie française et sur l'histoire de la France, un héritage qui lui a pourtant permis d'être un chef d'État qui compte sur la scène internationale.

Emmanuel Macron n'a su saisir ni les chances ni les opportunités. Il n'a jamais adopté le bon ton, jamais été dans le tempo, au bon moment, au bon endroit.

Pourtant, lorsqu'il est arrivé au pouvoir, celui qui fut le plus jeune président de la République avait un boulevard devant lui. Les constats étaient posés et clairs. Les tremblements de l'ordre ancien se faisaient déjà sentir, la voix de la France aurait pu être un trait d'union entre un Occident déclinant et un Sud renaissant. Derrière le paravent des déclarations aussi surprenantes que contradictoires, « en même temps », il s'est, en réalité, contenté de mettre ses pas dans ceux de ses deux prédécesseurs. Comme Nicolas Sarkozy et François Hollande, il a aligné la politique étrangère de la France sur celle des États-Unis, altérant encore un peu plus la voix singulière de Paris.

En Afrique, après les guerres de 2011 en Libye et en Côte d'Ivoire, le rejet de la politique française avait déjà atteint un niveau alarmant. En 2017, les chancelleries de l'espace francophone alertaient régulièrement le Quai d'Orsay à ce propos. Pourtant prévenu, Emmanuel Macron n'a, semble-t-il, pas pris la mesure des griefs et a accumulé les fautes, portant ainsi la contestation jusqu'au point de rupture.

À travers la gestion de la guerre au Sahel, ce livre est aussi une autopsie du déclassement français. D'une technocratie kafkaïenne, de décisions absurdes, de lignes rouges tracées dans le sable du Sahara en convocations comminatoires de chefs d'État africains, de coups d'éclat en coups d'État, l'Élysée a poursuivi une politique aussi erratique qu'arrogante. Le dirigeant français et ses ministres successifs des Armées et des Affaires étrangères ont agi comme au siècle dernier, sans prendre en compte le désir de changement des populations, les bouleversements du monde et la disparition des zones d'influence. La personnalité du chef de l'État a aussi beaucoup compté. En politique internationale, la petite histoire se confond avec la grande. Les relations souvent tendues, parfois exécrables, d'Emmanuel Macron avec ses homologues africains ont également contribué à précipiter l'arrivée de nouveaux arrivants dans la région. La Russie s'est engouffrée dans la brèche de toutes les erreurs de Paris, notamment lors du deuxième coup d'État au Mali, en mai 2021, et dans celle du putsch au Niger de juillet 2023. Elle n'a pas été la seule à se réjouir des malheurs français. De l'Inde à la Turquie en passant par l'Iran et les pays du Golfe, ils sont nombreux à vouloir participer au festin de « l'ancien pré carré ». La disgrâce française a aussi suscité des appétits chez les alliés, de Washington à Berlin, de Rome à Budapest puisque même la Hongrie s'est entichée de l'Afrique.

La fin des zones d'influence s'inscrit dans un nouvel ordre du monde, c'est le sens de l'histoire. Les élucubrations de la diplomatie française depuis deux décennies auront permis de couper les derniers liens de l'ère des empires coloniaux, et c'est tant mieux. Cependant, cela aurait pu advenir autrement. Car les conséquences pour la France sont majeures, toutes ne sont pas encore visibles. Il ne s'agit pas seulement de la perte des 14 voix des pays francophones aux Nations unies, il s'agit également de son affaiblissement au sein de l'Union européenne, d'une diminution de sa présence au sein des organisations multilatérales. Une foule de réactions en chaîne qui pourraient mener à la perte de son siège au Conseil de sécurité.

Que restera-t-il de la puissance française après deux mandats du président Macron ? Comment restera-t-il dans l'histoire ? Le jeune homme, qui avait les clés, a claquemuré la France dans un réduit. Ce livre n'est pas seulement l'itinéraire de la défaite d'un président, c'est aussi celui de l'échec de tout un pays.

Partie I

« Le jeune président impétueux qui voulait tout bousculer »

CHAPITRE I
L'HÉRITAGE EMPOISONNÉ

Écrire un livre sur un sujet suivi quotidiennement pendant tant d'années, c'est comme ouvrir un vieil album photo, certaines situations, des visages, des lieux, reviennent en mémoire alors qu'ils semblaient oubliés. Le souvenir du voyage d'Emmanuel Macron à Gao cinq jours après son investiture reste, lui, toujours aussi vivace. Première bévue lors d'un séjour à l'étranger, il y en aura d'autres, première polémique, première colère, il y en aura d'autres...

Ignorant les règles diplomatiques et les usages africains, le président français atterrit directement sur la principale base militaire de l'armée française sans se rendre auparavant au palais Présidentiel de Bamako. Comme si, par la présence de Barkhane, Gao était un territoire d'outre-mer. Le chef de l'État malien a donc été obligé de faire le voyage pour accueillir son homologue au pied de l'avion. Ibrahim Boubacar Keïta, dit IBK, n'ignore pas ce que ce déplacement peut lui coûter politiquement. Il sait qu'après plus de quatre ans d'intervention militaire française, ses concitoyens sont devenus susceptibles et sourcilleux quant à la souveraineté de leur pays. Il est également conscient que le manque de respect aux anciens, auquel sont sensibles les Africains, heurtera ses compatriotes. Mais le septuagénaire est là dans son grand boubou blanc à attendre au bas de la passerelle la descente « du gamin ». Il fait néanmoins bonne figure et engage la conversation, il est, selon un proche du président malien qui me rapporte la scène, immédiatement rabroué : « plus tard, on n'a pas le temps ». Il lavera cet affront et les suivants plus tard et en privé. L'image d'Emmanuel Macron, flanqué de son ministre des Affaires étrangères, Jean-Yves Le Drian, et de sa très éphémère ministre des Armées, Sylvie Goulard, recevant dans le QG de Barkhane le président malien comme un visiteur dans son propre pays, allume des incendies sur les réseaux sociaux bien au-delà du Sahel. Élégant, Ibrahim Boubacar Keïta tente d'éteindre le feu. Interrogé le lendemain sur RFI par Christophe Boisbouvier, le francophile lettré répond de la plus belle des manières : « D'abord, je me félicite que le président Macron ait choisi de venir au Mali, même si ce n'est pas une visite officielle – c'est une visite aux troupes au Mali –, ce geste nous est allé droit au cœur et c'est pourquoi nous avons tenu à l'accueillir, personnellement, ici à Gao. » Puis il lance un scud destiné aux seuls initiés : « Le président Macron est un homme d'une exquise courtoisie »[2] ! Cette séquence sera une nouvelle goutte d'eau dans la calebasse du rejet de la France en Afrique. C'était prévisible. À ces mauvaises manières s'ajoute la lassitude des Maliens face à la détérioration sécuritaire malgré la présence des militaires de l'opération Barkhane. En effet, lorsqu'Emmanuel Macron a trouvé ce dossier sur le bureau de l'Élysée, la situation s'était déjà fortement dégradée.

Alors qu'en 2013, lors de l'opération française Serval, le feu était circonscrit au seul Mali, depuis la fin 2015, il s'est propagé aux pays voisins, Niger et Burkina Faso. Les présidents sahéliens ont tour à tour, et chacun à leur manière, accusé la France d'être responsable de leurs malheurs, considérant ainsi que le Mali, épicentre du conflit, était une victime collatérale de la guerre en Libye. Habitué des excuses et autres formes de repentances, en mars 2021, Emmanuel Macron a assumé la faute : « Nous avons une dette envers la Libye, très claire : une décennie de désordre. » En

---

2. Ibrahim Boubacar Keïta sur RFI : « Le président Macron semble déterminé à nous aider avec force », Le grand invité Afrique

L'héritage empoisonné

réalité, ce fardeau de l'histoire est bien trop lourd pour les seules épaules de l'Hexagone. Il doit se partager avec d'autres acteurs : le Royaume-Uni[3], les pays du Golfe et surtout les États-Unis. Ils ont joué un rôle majeur, rien ne se serait fait sans eux, ni sur le plan aérien et logistique ni sans leur feu vert politique donné à l'OTAN.

Ce « désordre », qu'il serait plus juste de nommer « chaos », a bien évidemment favorisé la crise sahélienne, en rendant les frontières poreuses, en permettant tous les trafics, en ouvrant les arsenaux libyens de Mouammar Kadhafi aux « rebelles » en tout genre, en coupant la manne financière, alors que le Guide était très généreux avec les États sahéliens et que son pays a réalisé d'importantes infrastructures dans ces pays. Mais, ce conflit est aussi venu se greffer sur des décennies de crises non résolues dans le Nord malien. Si la France porte une grande part de responsabilité, c'est aussi pour d'autres raisons. D'abord pour ses largages d'armes aux rebelles islamistes de Benghazi, une artillerie qui s'est vite disséminée dans la région. À l'époque, ce sujet avait donné lieu à une controverse entre Sergueï Lavrov et Alain Juppé, le premier reprochant au second de ne pas respecter la résolution 1973 des Nations unies[4]. Ensuite, parce que Nicolas Sarkozy et son ministre des Affaires étrangères ont, pour des intérêts de court terme, joué avec le feu.

Les premières frappes sur la Libye ont eu lieu en mars 2011. Malgré tous les moyens déployés, Mouammar Kadhafi ne rend

---

3. Rapport parlementaire du Royaume-Uni, https://www.lefigaro.fr/international/2016/09/14/01003-20160914ARTFIG00259-royaume-uni-un-rapport-parlementaire-ereinte-sarkozy-et-cameron-pour-l-intervention-en-libye.php
4. https://www.france24.com/fr/20110701-alain-juppe-visite-moscou-lavrov-critiques-parachutage-armes-insurges-libyens-kadhafi

pas les armes. Depuis les années 1970, pour fuir les répressions, les discriminations, les sécheresses, des Touareg maliens et nigériens ont rejoint la légion verte, la garde prétorienne du Guide de la Jamahiriya. Pour affaiblir sa défense, les services de renseignement extérieurs français auraient négocié la désertion de ces officiers. Contre quelles contreparties? À ce jour, ce point reste obscur, plusieurs hypothèses s'affrontent. Toujours est-il qu'en août 2011, alors que Mouammar Kadhafi est toujours vivant, environ deux mille combattants de cette légion l'abandonnent et rentrent dans leurs pays respectifs. Depuis mars 2011, une zone d'exclusion aérienne a été mise en place au-dessus de la Libye. Le ciel est scruté par l'OTAN, il est donc impossible de ne pas repérer ces pick-up surmontés de mitrailleuses lourdes traversant le désert et se rendant à Kidal en août de la même année[5]. Quelques mois plus tard, des rebelles touareg fondent le Mouvement national de libération de l'Azawad (MNLA). En février 2012, ils sont reçus discrètement au Quai d'Orsay par Alain Juppé. Mohamed Najem, ancien commandant de la garde de Kadhafi, devient chef d'état-major de ce groupe politico-militaire. Un mois plus tard sur France 24, ce mouvement réclame l'indépendance du Nord Mali. Aucune des deux parties n'a jamais reconnu cette entente, mais ces suspicions de collusion entre la France et le MNLA pèseront lourd et alimenteront rumeurs et fantasmes tout au long de l'engagement de Barkhane et même au-delà.

Au Niger, les retours des combattants touareg de Mouammar Kadhafi n'ont pas d'impact, des accords de paix avaient été signés

---

5. https://www.jeuneafrique.com/179649/politique/des-centaines-de-combattants-touaregs-pro-kadhafi-rentrent-au-niger-et-au-mali/

en 1995 avec le gouvernement et ils avaient été respectés. En revanche, au Mali, ni le pacte national de 1992 ni l'accord d'Alger de 2006 n'ont été honorés. Le septentrion malien est un chaudron où se côtoient les salafistes algériens regroupés sous la bannière d'Al-Qaïda au Maghreb islamique (AQMI), auxquels s'ajoute un contingent de 2000 hommes, appelés les «cantonnés», des militaires touareg qui, contrairement aux textes paraphés en 2006, n'ont pas été réintégrés dans l'armée malienne. Le retour de Libye de combattants aguerris lourdement équipés parachève ce tableau et bouleverse le rapport de force en défaveur de l'armée nationale.

En janvier 2012, le MNLA associé au chef de guerre touareg, Iyad Ag Ghali, déclenche des attaques contre l'armée malienne à Ménaka et Aguelhok. Les forces loyalistes subissent une lourde défaite. En avril, elles ne tiennent plus aucune position dans le nord du pays, Tombouctou, Gao, Kidal, Ménaka sont tombés.

Très vite, les islamistes plus agressifs et mieux organisés supplantent le MNLA et le chassent de son fief. Iyad Ag Ghali et ses hommes s'organisent, créent un mouvement nommé Ansar Eddine et se partagent les territoires conquis avec les éléments d'un autre groupe, le Mujao, dirigé par le salafiste algérien, Mokhtar Belmoktar[6]. Les premiers assurent le contrôle des régions de Kidal et Tombouctou ; les seconds les villes de Gao, de Ménaka et le cercle de Douentza.

En mars 2012, l'inimaginable se réalise. Un groupe de capitaines de l'armée malienne renverse le chef de l'État, Amadou Toumani Touré. L'élection présidentielle devait se tenir le mois

____

6. Voir annexe Groupes djihadistes.

suivant et ce président, tenu pour responsable de la chute vertigineuse du pays, ne se représentait pas. Personne n'imaginait la survenue d'un coup d'État militaire à un mois du scrutin.

Pendant que la communauté internationale se mobilise pour contraindre les putschistes à reprendre la voie de la légalité constitutionnelle, les djihadistes administrent les villes du nord du pays.

Le 5 janvier 2013, ils passent à l'offensive et prennent la direction du Sud. Trois jours plus tard, ils infligent à nouveau une terrible défaite à l'armée malienne à Konna et s'approchent de la ville clé de Mopti au centre du pays.

En France, l'élection présidentielle a bouleversé l'échiquier politique, François Hollande est devenu chef des armées, Laurent Fabius s'est glissé dans le costume d'Alain Juppé et Jean-Yves Le Drian a hérité du portefeuille de la Défense. À Paris, l'avancée des djihadistes vers la capitale est scrutée de près, avec une question lancinante : l'armée française doit-elle intervenir ? Le président et son chef d'état-major particulier, Benoît Puga, hésitent. La diplomatie laisse faire, son nouveau chef ne s'intéresse pas à l'Afrique. Depuis sa prise de fonction, il se consacre entièrement à la COP 21 et au Moyen-Orient. Il soutient « les rebelles modérés » syriens qui « font du bon boulot », avec l'aide des Occidentaux et des pays du Golfe, pour renverser le président Bachar al-Assad. Un général français m'a un jour raconté qu'un Tunisien, qui avait rejoint les groupes djihadistes maliens, fut tué par Barkhane. En reconstituant son histoire, les officiers se sont aperçus qu'Al-Qaïda essayait de l'envoyer en Syrie pour rejoindre le groupe Al-Nosra. Au Sahel, il est neutralisé et rangé dans la catégorie terroriste. Au Moyen-Orient, il aurait été considéré comme un « rebelle modéré », comme un allié de la France, il aurait été armé et aidé. Cette anecdote clôt les interminables débats sur la notion de terroriste[7].

Le ministre des Affaires étrangères laisse donc le champ libre à l'armée. Il signe ainsi le début de ce qui sera désormais appelé « la militarisation de la politique africaine de la France ».

Jean-Yves Le Drian, son très influent directeur de cabinet Cédric Landowsky et son conseiller spécial, Jean-Claude Mallet, tous trois sous l'influence de généraux à la forte personnalité, plaident pour une intervention. Ils auront raison des doutes de François Hollande qui annonce officiellement, le 11 janvier à 11 h, l'envoi de troupes françaises au Mali. Plus tard, tous ceux qui travaillent sur le dossier, chercheurs, experts, journalistes, s'accorderont à reconnaître qu'il n'y avait pas péril en la demeure, les colonnes de djihadistes n'ayant jamais eu l'intention de descendre sur Bamako.

Le déclenchement de cette opération fait l'unanimité dans la classe politique, du PS au RN en passant par l'UMP, seules quelques voix s'élèvent au Parti communiste et au Parti de gauche. Les paroles les plus fortes sont prononcées par Dominique de Villepin qui met en garde contre la tentation interventionniste, dans une tribune au *JDD*[8] : « Ne cédons pas au réflexe de la guerre pour la guerre. L'unanimisme des va-t-en-guerre, la précipitation apparente, le déjà-vu des arguments de la "guerre contre le terrorisme" m'inquiètent. Ce n'est pas la France. Tirons les leçons de la

---

7. Aucun consensus international n'a jamais été trouvé pour définir la notion de terrorisme.
8. Mali, Afghanistan, les leçons oubliées, par Alain Gresh (Les blogs du Diplo, 14 janvier 2013) (mondediplo.net)

décennie des guerres perdues, en Afghanistan, en Irak, en Libye. Jamais ces guerres n'ont bâti un État solide et démocratique. Au contraire, elles favorisent les séparatismes, les *États* faillis, la loi d'airain des milices armées. Jamais ces guerres n'ont permis de venir à bout des terroristes essaimant dans la région, au contraire, elles légitiment les plus radicaux.» Dix ans plus tard, force est de constater que le film s'est déroulé comme l'ancien ministre des Affaires étrangères l'avait prédit. Il n'a pourtant ni lu dans le marc de café ni dans les cauris, il a seulement froidement constaté ce qu'ont produit toutes les guerres contre le terrorisme après le 11 septembre 2001. Mais l'heure était aux tambours et trompettes de l'euphorie, son alerte est tombée dans l'oreille des sourds.

L'opération militaire nommée Serval est lancée le 13 janvier 2013. Au départ, selon un général aux commandes à l'époque, il n'était pas question de s'engager sur le long terme. L'objectif était: 2 000 hommes, deux mois, deux cents millions d'euros et une élection, la démocratie étant censée parachever la mission. La France est partie la fleur au fusil dans l'idée de faire «du bon boulot», puis très vite transmettre le flambeau aux armées afri-caines. La Communauté économique des États de l'Afrique de l'Ouest (CEDEAO), qui regroupe les quinze États de la sous-ré-gion, avait décidé d'envoyer une force pour prendre la relève[9]. Si quelques contingents ont bien fini par arriver, ils n'ont jamais été déployés sur le terrain et sont restés cantonnés à Bamako... En un mois, l'armée française a réussi à engager 4 500 hommes au Nord Mali. Le 2ᵉ REP a sauté sur Tombouctou, une première

---

9. Voir annexe CEDEAO

L'héritage empoisonné

de cette envergure depuis Kolwezi, en 1974. Au départ, les Américains étaient réticents à l'idée de s'engager, persuadés que l'armée française allait échouer. Lorsqu'ils ont constaté que le défi était relevé, ils ont fini par apporter un fort soutien en matière de logistique et de renseignement.

Les militaires français ont bravé le Sahara, les montagnes de l'Adrar, la chaleur extrême et les milliers de kilomètres à parcourir. En trois semaines, parfois sans même avoir à combattre, ils libèrent les villes de Konna, Diabaly, Gao, Tombouctou. Grâce à Serval, dès la fin du mois de janvier 2013, l'État malien est redevenu maître de la plupart des grandes villes du Nord et du Centre. Le 2 février 2013, François Hollande débarque à Tombouctou pour récolter les fruits de la victoire, il est accueilli en héros par une foule en liesse. Il prononce cette phrase qui restera dans les annales : « c'est le plus beau jour de ma vie politique.[10] » Pour le remercier, Ibrahim Boubacar Keïta lui offre un chameau que le président français ne ramène pas à Paris. Qu'est devenu l'animal ? Sacrifié, mangé, volé ? Dommage, le chameau de la victoire aurait eu de l'allure au zoo de Vincennes !

Dans l'enthousiasme du triomphe, l'échec de la stratégie de sortie semble de peu d'importance. Pourtant, l'objectif initial de passer rapidement le flambeau aux armées africaines s'avère inatteignable. Serval est coincé au Mali faute de véritable relève, l'armée malienne est en piteux état, le pari sur la force de la CEDEAO était un leurre. Il n'est d'ailleurs pas certain que le gouvernement malien ait été emballé par cette perspective et

---

10. https://www.lepoint.fr/monde/hollande-nous-payons-notre-dette-au-mali-02-02-2013-1623156_24.php

que les populations aient apprécié les méthodes parfois expéditives des contingents interarmées africains. Le souvenir de leurs exactions dans les années 1990, lors des guerres du Liberia ou de Sierra Leone, reste gravé dans les mémoires. Dans le sillage de Serval, l'armée malienne se venge contre les populations civiles peules et touareg des villes de Mopti, Sévaré et dans les régions de Tombouctou et Gao. Au nord, ce sont les combattants tchadiens, venus en renfort de l'armée française pour combattre dans l'Adrar, qui défient toutes les règles du droit humanitaire international. En partie pour éviter d'autres massacres et en partie par crainte d'une nouvelle déroute des armées maliennes, la France ferme les yeux sur l'existence des rebelles armés au nord de Kidal, qui contrôlent donc la région par défaut. Cette position n'est admise ni par les dirigeants de Bamako ni par l'opinion publique. Elle sera lourde de conséquences et se rajoutera aux suspicions déjà évoquées lors du «*deal* libyen». Le 28 janvier 2013, le MNLA s'oppose d'ailleurs au redéploiement des forces maliennes à Kidal, entérinant ainsi une forme de partition du pays. Des années plus tard, le général précité fait son *mea culpa* : «L'erreur était de croire que nous allions transformer le Mali en un canton suisse.» Puis il analyse lucidement «On a manqué de flair. Quand on est remonté sur Kidal, on aurait dû en faire une ville ouverte, ramasser toutes les armes et nous aurions dû partir juste après. Mais tout le monde a voulu toucher la rançon du succès. Ensuite, il n'y a plus eu de porte de sortie.»

Effectivement, les premiers objectifs militaires qui consistaient à reprendre les territoires occupés ont été brillamment obtenus. Et après, quelle était la suite une fois que l'espace avait été reconquis ?

Quels étaient les résultats attendus ? Sur quels éléments évaluer la réussite ? Sur l'élimination des chefs djihadistes ? Sur le nombre de « terroristes » tués ? Pendant toute la durée de Serval, de janvier 2013 à la fin juillet 2014, selon le ministère des Armées, plusieurs centaines de djihadistes furent « neutralisés » et 200 tonnes d'armement récupérées, dans un pays où les armes venues de Libye entrent tous les jours et dont les stocks semblent inépuisables. Au fil des jours, l'intervention est devenue de plus en plus complexe. « Au début, nous nous sommes trompés, on cherchait des djihadistes à la peau blanche, nous n'avions pas une bonne compréhension du terrain. On manquait d'expertise là-dessus. On cherchait les chefs étrangers et nous n'avons pas vu venir la "Touareguisation" à la tête des Katibas »[11], confie le général. Ce que ce dernier oublie de mentionner, c'est qu'ils n'ont pas vu venir non plus la participation des Peuls pourtant inscrite dès janvier 2013 avec leur présence lors de la bataille de Konna.

Le Mali est un trésor de complexités, les relations sociales y reposent sur des imbrications entre familles, tribus, ethnies, pactes ancestraux. Contrairement à beaucoup de préjugés, les Maliens ont en main toutes les clés, tous les outils pour dialoguer entre eux, du nord au sud et d'est en ouest. Ce pays aurait dû être manié comme une dentelle avec une infinie prudence et des mines de connaissances. Or les propos du général prouvent que la France est entrée en guerre au Mali de la même manière que les Américains en Afghanistan, en faisant la guerre à un concept : le terrorisme islamiste, sans avoir au préalable analysé les causes du

---

11. Une katiba désigne une unité de combattants.

conflit et identifié les véritables ennemis. Lors d'une conférence, Laurent Fabius avait désigné le groupe d'Iyad Ag Ghali[12], qui se rangera plus tard sous la bannière d'Al-Qaïda au Maghreb islamique (AQMI), comme une « organisation paisible », c'est dire…

En 2019, le *Washington Post* a révélé des documents gouvernementaux selon lesquels les plus hauts responsables américains avaient caché la réalité de la guerre en Afghanistan. Pendant 18 longues années, ils ont multiplié les déclarations optimistes qu'ils savaient fausses et ont caché des preuves incontestables que la guerre était impossible à gagner. Dans l'un de ces documents, le général Douglas Lute, qui coordonnait la guerre dans ce pays sous les administrations Bush et Obama, a déclaré : « Nous étions dépourvus d'une connaissance fondamentale de l'Afghanistan, qu'avons-nous essayé de faire ici ? Nous n'avions pas la moindre idée de ce que nous entreprenions »[13].

La France a emprunté le même chemin en croyant naïvement qu'il s'agissait de rétablir l'ordre constitutionnel rompu après le coup d'État de mars 2012, selon la formule « deux mois, deux mille hommes, et… une élection ! » La vieille antienne de rétablir « la démocratie » à n'importe quel prix a été le seul objectif politique de l'Élysée et du ministère de la Défense. Grisé par sa victoire, François Hollande a déclaré que l'élection présidentielle devait se tenir en juillet 2013 et qu'il serait intransigeant sur le respect de ce calendrier alors que les conditions n'étaient

---

12. Prononcé le 19 mars 2013, déclaration de M. Laurent Fabius, ministre des Affaires étrangères, sur vie-publique.fr
13. https://www.washingtonpost.com/graphics/2019/investigations/afghanistan-papers/afghanistan-war-confidential-documents/

L'héritage empoisonné

pas remplies. À cette date, il n'y a jamais de scrutin à cause de la saison des pluies qui rend les déplacements délicats, voire impossibles, cette année-là, elle coïncidait en prime avec la période du ramadan. Enfin, la région de Kidal n'était pas stabilisée. L'élection s'est tenue, Ibrahim Boubacar Keïta (IBK) est devenu président en promettant d'œuvrer à la réconciliation et au retour de la sécurité. En sept années de pouvoir, faute d'avoir pu, voulu, su, il n'a obtenu ni l'une ni l'autre, avant d'être renversé par un coup d'État.

Jean-Yves Le Drian et ses troupes comptaient également sur la formation de l'armée nationale par des instructeurs militaires européens, qui avait commencé à œuvrer dès avril 2013. Un premier contingent de 570 soldats maliens avait participé au programme. Ils pensaient, en outre, pouvoir s'appuyer sur la force des Casques bleus que le Conseil de sécurité avait autorisée pour stabiliser le Nord, en déployant la mission intégrée des Nations unies pour la stabilité au Mali (Minusma), qui a débuté ses opérations en juillet de la même année.

En 2014, le ministre de la Défense met fin à Serval et remplace cette opération par Barkhane qui interviendra dans cinq pays du Sahel : Mali, Burkina Faso, Niger, Mauritanie et Tchad. Petit bonus au passage, en changeant de dénomination, le nom de Serval restera dans l'historiographie militaire comme une grande victoire. C'était déjà ça de pris. Les galonnés s'emparent du G5 Sahel, une structure conçue par la Mauritanie qui couvre les mêmes pays, dans l'espoir qu'elle puisse prendre la relève de la force fantôme de la CEDEAO. Mais rien ne s'est passé comme Paris l'avait anticipé…

Chapitre II
En avant vers la victoire...

En 2017, les djihadistes qui s'étaient disséminés dans la nature pendant l'opération Serval et avaient caché leurs armes dans le désert, en prenant soin de les localiser grâce aux coordonnées GPS, les ont ressorties. Deux grandes forces sont en présence : le JNIM[14], affilié à AQMI, dirigé par Iyad Ag Ghali, et l'État islamique au Grand Sahara (EIGS), avec à sa tête Abou Walid al-Sahraoui. Les deux groupes se combattent souvent, font des pauses parfois ou encore s'allient de temps à autre. Suivre leurs stratégies et leurs agendas respectifs consiste à marcher sur un sentier tortueux au cours duquel même les plus fins observateurs finissent parfois par se perdre. Depuis la fin 2015, le conflit s'est étendu au centre du Mali, au Burkina Faso et au Niger. Les cartes sécuritaires du Quai d'Orsay se colorent de rouge. Les

---

14. Le JNIM, Jama'a Nusrat ul-Islam wa al-Muslimin ou Groupe de Soutien à l'Islam et aux musulmans est actif au Mali, Burkina Faso et Niger. Ce mouvement a été créé le 1ᵉʳ mars 2017 lors du regroupement du mouvement de Iyad Ag Ghali Ansar Eddine, avec la katiba Macina d'Amadou Koufa et de plusieurs chefs d'AQMi. Voir annexe Groupe djihadiste.

blindés français sont ensablés dans une guerre qui ne cesse de s'étendre et de se complexifier.

Si Emmanuel Macron n'a pas initié cette guerre, il en a néanmoins revêtu le costume de chef avec un enthousiasme certain dès le début de son mandat. Il pensait probablement que là où la présidence normale de son prédécesseur avait échoué, son énergie associée à l'intelligence de sa pensée complexe allait réussir.

Conscient des dysfonctionnements et de l'anomalie que représentaient la militarisation de la politique africaine de la France, il met fin à la toute-puissance de l'armée dans ce dossier. Pour autant, le «jeune président impétueux qui voulait tout bousculer»[15], comme il s'est autoqualifié lors d'un hommage à la chancelière Merkel, ne remet pas en question le concept de lutte contre le terrorisme. Il ne réfléchit pas aux raisons qui ont conduit à l'impasse dans laquelle se trouve l'armée française et utilise les outils sécuritaires légués par son prédécesseur.

La création de Barkhane s'est avérée pourtant une fausse bonne idée. Elle n'a d'ailleurs pas fait l'unanimité au sein du ministère de la Défense, mais Jean-Yves Le Drian et son entourage l'ont emporté. Cette force n'a pas été réalisée sur la base des menaces existantes de l'époque, mais sur un regroupement opportuniste. Il s'agissait de réunifier sous la bannière d'une même opération tous les engagements opérationnels français disséminés dans la région : Burkina Faso, Niger, Mali, Tchad et la Mauritanie, au statut un peu particulier puisque cet État n'a pas de base militaire

---

15. https://www.ouest-france.fr/politique/emmanuel-macron/emmanuel-macron-a-angela-merkel-merci-de-m-avoir-tant-appris-e031a623-06e3-4e32-8185-18ed25c77b0d

française à proprement parler. Les deux derniers pays n'ayant pas à faire non plus aux mêmes menaces que les trois premiers. Résultat, c'était une structure stratégiquement saugrenue, complexe et éclatée. Le poste de commandement opérationnel se trouvait à Ndjamena en Afrique centrale, à quelques 1 800 km de la base principale de Gao, les renseignements étaient installés au Niger et les Forces spéciales à Ouagadougou. Un habillage d'éléments disparates né au hasard des convenances politiques. Sur les 5 000 hommes, seuls 2 500 étaient basés au Mali, pas assez pour occuper l'immensité du terrain, trop lourd et trop coûteux s'il s'agissait seulement de traquer les chefs djihadistes.

Le G5 Sahel est aux abonnés absents. La version initiale de ce projet était pourtant révolutionnaire. Portée par la Mauritanie, l'idée consistait à créer une structure authentiquement sahélienne et proposer des solutions sahéliennes aux problèmes sahéliens[16]. Depuis les années 2000, tout le monde débarquait dans la région, Nations unies, Banque mondiale, Union européenne, etc., en œuvrant chacun dans son coin avec sa propre stratégie, sans aucune coordination. Il s'agissait donc d'une vraie vision pour cinq pays qui partagent des similitudes humaines et géographiques, au croisement de l'Afrique subsaharienne et de l'Afrique désertique. Cinq États avec des populations similaires, nomades, sédentaires, et des difficultés structurelles identiques. Ce projet d'intégration prévoyait de mutualiser les moyens pour réaliser des parcours de points d'eau, des hôpitaux de campagne, développer une agriculture en fonction des ressources de chacun. Il s'agissait

---

16. Voir annexe Mauritanie.

de réaliser des infrastructures de transport et de communication pour assurer une présence des États afin de désenclaver les zones et de ne pas laisser d'espaces vides qui deviennent des sanctuaires de djihadistes. Tout était pensé, y compris la gouvernance religieuse, le contrôle des imams et le dialogue avec les salafistes. Le volet sécuritaire y était minimal et conçu avant tout en termes de prévention. En prime, ce projet ne coûtait pas nécessairement « un pognon de dingue », pour reprendre une expression familière popularisée par le président français.

Très vite, Jean-Yves Le Drian et ses troupes comprennent tout le bénéfice qu'ils peuvent en tirer, d'autant que le projet épouse l'architecture de Barkhane. Selon un haut fonctionnaire mauritanien, les Français s'emparent du format, ramènent des experts qui le dénaturent et en font un outil strictement sécuritaire dans la perspective de trouver enfin la porte de sortie du bourbier sahélien... Ce G5-là présente plusieurs défauts majeurs. Il fâche l'Algérie qui, en plus d'avoir Barkhane à ses frontières, voit d'un très mauvais œil cette structure régionale préemptée par la France. D'autant qu'elle a sa propre organisation, le Comité d'état-major opérationnel conjoint (CEMOC), dans laquelle elle coopère avec la Mauritanie, le Niger et le Mali. Il vexe l'Union africaine qui se sent dépossédée et froisse la CEDEAO qui se trouve marginalisée. Il fait l'impasse sur toutes les causes profondes qui poussent les jeunes à intégrer les groupes armés. S'il ne présente aucun intérêt militaire pour les pays concernés qui ont l'habitude de coopérer de manière bilatérale, les chefs d'État du G5 l'adoubent. Ils y voient un bon moyen de faire payer leur guerre par des partenaires internationaux.

Depuis la présidence Sarkozy et le retour de la France dans le commandement intégré de l'OTAN, insidieusement s'est installée chez beaucoup de militaires comme chez de nombreux diplomates une américanisation des esprits et des processus. Désormais, comme nos alliés d'outre-Atlantique, lorsqu'un conflit s'enlise, au lieu de changer de stratégie, les dirigeants ont tendance à rester obnubilés par la planification, même si leurs hypothèses de départ ne correspondent en rien à la réalité du terrain. Puis, face au manque de résultat, au lieu de changer leur fusil d'épaule, ils doublent la mise. À l'instar de ce que les États-Unis ont brillamment réussi au Vietnam, en Afghanistan, en Ukraine, etc. C'est ainsi que les situations glissent de l'impasse à l'échec final. Tripler la dose d'un médicament inefficace ne produit en général que des effets secondaires délétères.

Donc, le G5 est un bel endormi qui n'intéresse personne et agace tout le monde, qu'à cela ne tienne, Jean-Yves Le Drian et Emmanuel Macron le revitalisent. Ils ressortent un vieux projet qui dort dans les cartons depuis 2015 et qui refait surface à intervalles réguliers. Il s'agit de la création d'une force conjointe civilo-militaire antiterroriste de 5 000 hommes (FCG5). Inaugurée en juillet 2017 dans la capitale malienne en présence des chefs d'État sahéliens et du président français, qui cette fois a fait le voyage jusqu'à Bamako. Son discours à cette occasion, dans lequel il vante « une nouvelle méthode », « ses partenaires européens », et « la coalition de bailleurs les plus motivés », préfigure l'usine à gaz qui s'apprête à voir le jour[17].

---

17. https://www.vie-publique.fr/discours/203117-declaration-de-m-emma-nuel-macron-president-de-la-republique-sur-la-lu

En avant vers la victoire…

Sur la photo de cet événement posent six présidents : Idriss Déby, Ibrahim Boubacar Keïta, Mohamed Ould Abdel Aziz, Mahamadou Issoufou, Roch Marc Christian Kaboré, Emmanuel Macron. Le premier est mort dans des circonstances troubles, le deuxième, après avoir été détrôné par un coup d'État, s'est éteint dans une clinique de Bamako surveillé par ses geôliers, le troisième dort en prison, le statut du quatrième est toujours en suspens. Le dernier, victime lui aussi d'un putsch, vit des jours tranquilles à Ouagadougou. Emmanuel Macron, lui, a été réélu pour un deuxième mandat...

En attendant, il faut de l'argent pour équiper et créer les infrastructures de cette nouvelle armée de Sahéliens. L'Union européenne a promis 50 millions d'euros, mais, selon les prévisions, il en faudrait 400. Qu'à cela ne tienne, en décembre 2017, l'Élysée organise au château de La Celle-Saint-Cloud un sommet pour récolter des fonds. Ces grands raouts seront l'alpha et l'oméga de la politique étrangère française au cours des deux quinquennats. Aussi coûteux qu'inefficaces, ils présentent l'avantage de mettre en scène l'activisme international du président. Celui-là n'échappera pas à la règle, pourtant, le ban et l'arrière-ban sont bien présents. En plus des cinq chefs d'État sahéliens, Angela Merkel a fait le déplacement, le Premier ministre italien de l'époque aussi, l'Arabie saoudite et les Émirats arabes unis sont représentés par leurs ministres respectifs des Affaires étrangères. Et le miracle se produit : Ryad annonce une promesse de don de 100 millions d'euros, les Émirats suivent avec 30 millions, avec leurs 5 millions les Danois protègent la réputation des pays dits frugaux. C'est le premier tour de table financier d'Emmanuel Macron et de ses conseillers. Ils sont aux anges, ils jubilent, plaisantent, se congratulent pour ce déjeuner à 135 millions d'euros[18]! Encore novices, ils ne savent pas que les promesses de dons n'engagent que ceux qui y croient. Ryad ne donnera jamais rien, Abu Dhabi décaissera 10 millions d'euros immédiatement, puis plus rien…

Les États-Unis, eux aussi représentés aux festivités, annoncent une aide de 60 millions de dollars. Cette obole ne sera pas versée au G5 Sahel, mais en bilatéral à certains des États. À l'instar d'Alger, les Américains se méfient d'une structure « gérée » par les Français. Pour cette raison, ils s'opposeront systématiquement à la mise sous chapitre 7 de cette organisation, une disposition qui aurait permis à cette force de bénéficier du support des Nations unies. Malgré ce non catégorique, cette demande sera reposée sur la table après chaque sommet, lors de chaque déclaration des présidents sahéliens et de la présidence française. Washington ne changera pas de ligne, ni sous l'administration Trump ni sous celle de Biden.

Finalement, l'UE supportera presque intégralement la charge du fonctionnement du G5. Elle fait ce qu'elle sait faire de mieux : payer et imposer ses normes. Finalement, pour l'Élysée, la seule réussite de cette journée fut de réussir à faire entrer de plain-pied Bruxelles dans le conflit sahélien.

Une nouvelle page s'ouvre, celle d'un univers kafkaïen maté-rialisé par le mariage de la technocratie macronienne avec la bureaucratie européenne. Des sommets de complexité et

---

18. https://www.lepoint.fr/afrique/g5-sahel-une-reunion-pour-mieux-mobili-ser-autour-de-la-force-conjointe-antidjihadiste-13-12-2017-2179287_3826.php

d'absurdité seront atteints. Un livre ne suffirait pas à relater les péripéties de cette force conjointe. Un chapitre entier pourrait être consacré à la seule construction des postes de commandement. Le premier PC régional, construit à Sévaré au Mali, a été détruit par les djihadistes du JNIM. Il fut réinstallé dans le quartier de Badalabougou à Bamako puis, sous la pression des habitants, déménagé vers l'aéroport. Suite aux changements de gouvernement, il continue sa route à Ndjamena pour enfin atterrir à Niamey... avant d'être dissous... Chaque aménagement/réaménagement représente du temps et de l'argent. L'organisation en fuseau est, ouest, centre a tourné également en un véritable casse-tête. Les édifications, là encore, de PC dans des zones reculées et peu accessibles, comme celui de de Beiket Lawouach à l'est de la Mauritanie, ou encore celui de Wour dans le Tibesti tchadien ont été des chantiers titanesques. Il ne se trouve pas, pourtant, beaucoup d'experts pour défendre la pertinence de ces choix stratégiques.

Le financement de cette force deviendra également un capharnaüm géant, avec un empilement de structures, d'alliances, de cloisonnements entre la Commission européenne, le service d'action extérieure de Bruxelles, les fonds régionaux...

Une guerre n'est jamais linéaire, les nécessités changent au fil du temps et des stratégies développées par l'adversaire. Entre les besoins exprimés et la livraison des matériels, deux, trois, voire quatre années peuvent s'écouler. Bienvenue au royaume d'Ubu : les djihadistes utilisant des motos chinoises, le contingent burkinabè a demandé à en être doté afin d'avoir la même mobilité et que le bruit des moteurs ne soit pas repérable par leurs ennemis.

Quand enfin les deux roues arrivent à destination, les groupes armés ont changé de marque et entendent ainsi l'armée arriver de loin ! Les 500 véhicules commandés en 2020 sont arrivés fin 2023, au moment où le G5 était en état de mort cérébrale. Des milliers d'euros ont été dépensés dans des transmissions téléphoniques Thales cryptées qui étaient trop sophistiquées, il a fallu les remplacer par de simples Motorola, plus faciles à utiliser. Et, ce ne sont que quelques exemples même pas triés sur le volet. Embarras supplémentaire, ces différents systèmes d'armement sont rarement compatibles et posent d'énormes problèmes de maintenance.

La Force G5 est un cas d'école du labyrinthe technocratique de l'aide occidentale, trop peu, trop tard, pas toujours adaptée. En prime, celui qui paye ordonne et définit la stratégie militaire.

Cette armée sahélienne n'a, elle, même pas subi de défaite puisqu'en six ans d'existence elle n'a pas livré plus de trois ou quatre combats. Les quelques morts enregistrées le furent par des engins explosifs ou des attaques contre ses campements. En revanche, elle a coûté « un pognon de dingue », entre les salaires mirobolants de ses responsables et les *per diem* des officiers qui auraient été plus utiles au sein de leurs armées nationales respectives.

Il faudra attendre l'inévitable reconnaissance de l'échec afghan, avec la chute de Kaboul en août 2021, pour entrevoir un début de prise de conscience, et que le « *state building* », « la construction de l'État » à coups d'ingérences extérieures soit remis en cause. Lors d'un discours à Bagdad, Emmanuel Macron déclare : « La lutte armée ne peut pas tout, on peut gagner des batailles contre le terrorisme, mais il faut des projets de développement et un retour de l'État sinon les terroristes reviennent en quinze jours. Ils se nourrissent de la misère. »[19] C'est beau comme du Villepin et le projet mauritanien, sept ans et des milliers de morts plus tard…

Au cours des quatre années qui séparent la chute de Kaboul et la conférence de La Celle-Saint-Cloud, à chaque nouvelle étape de la descente aux enfers, les technocrates de Paris ou Bruxelles ont inventé de nouveaux outils, chargés de compenser, pallier, raccommoder, superviser, réunifier ceux défaillants. Les structures se sont empilées – Alliance Sahel, Coalition pour le Sahel, Takuba – pour contrebalancer celles qui fonctionnaient mal, peu ou pas du tout. Les énarques ont conçu des « machins » qui se résument à ces fameux piliers : sécurité, développement, retour de l'État. Il fallait remplir les imprimés et cocher les croix dans les cases ou présenter des PowerPoint et leurs longues suites d'acronymes, P3S, PUD, approche 3D, etc. Autant de procédures totalement étrangères à la culture africaine qui ont contribué au décrochage des Sahéliens qui se sont perdus dans ces couloirs kafkaïens. Au total, on décomptera 18 structures, dont 6 uniquement à visée militaire, au point que les experts parleront « d'embouteillage sécuritaire ». En vain…

Mais en décembre 2017, le président français croit encore dur comme fer au tout militaire et veut « des victoires au premier semestre 2018 ».

____

19. https://www.liberation.fr/international/moyen-orient/afghanistan-accueil-des-refugies-intervention-au-sahel-ce-quil-faut-retenir-de-linterview-demmanuel-macron-ce-dimanche-soir-20210829_EFPL5QTUWZG-MBPCRCKF3VLTPUY/

Chapitre III
Le début de la fin...

Évidemment, rien ne s'est passé selon les desiderata du chef de l'État. Écrire un livre sur le sujet consiste aussi à regarder dans le rétroviseur. Pour comprendre la politique française dans le Sahel, il faut aussi se questionner. À quand remonte le début de la fin ? À quel moment, l'impasse est-elle devenue un bourbier dont il deviendrait impossible de s'extraire ? Le trou dans la coque du *Titanic* pourrait se dater à différentes époques. Avec la désastreuse réélection d'Ibrahim Boubacar Keïta et la dangereuse montée en puissance des milices armées au Mali comme chez son voisin burkinabè, l'année 2018 est celle où la trame des perspectives catastrophiques a été dessinée. Elle est sans aucun doute l'année du point de bascule.

Si, en 2013, les conditions de l'élection présidentielle n'étaient pas optimales, Ibrahim Boubacar Keïta avait néanmoins été élu à la loyale. Par son passé politique, il était perçu comme un homme fort et de parole et son arrivée au pouvoir avait suscité un immense espoir. L'ancien militant de l'Internationale socialiste, ami de François Hollande et de Jean-Yves Le Drian, avait devant lui une tâche titanesque. Il devait reconstruire tous les secteurs du pays, éducation, santé, infrastructures, institutions, armées, tout en étant confronté à une crise sécuritaire dans le nord et à une crise humanitaire sans précédent.

À la fin de son premier mandat, en août 2018, excepté une amélioration du statut et des dotations des militaires, dont une grande partie était due à l'aide des partenaires extérieurs, dont l'Union européenne, aucun secteur ne s'était amélioré. Au point que deux chercheurs d'une université californienne avaient publié cette même année une étude dans laquelle ils se demandaient si l'État malien n'était pas un « *État Potemkine* ». Au cours de ce premier quinquennat, Ibrahim Boubacar Keïta n'a rien changé aux fondamentaux qui ont généré les crises. 95 % des dépenses publiques ont continué à être effectuées dans la seule capitale malienne. Cette donnée se suffit à elle-même pour expliquer tous les maux du pays depuis des décennies. Lorsque les Touareg se plaignent, à juste titre, d'être abandonnés par l'État central, toutes les autres communautés pourraient répondre en chœur : « nous aussi » !

Un Malien résume la situation qui prévaut à l'époque : « Au Mali, tout est inédit. C'est le seul pays qui achète des avions et reçoit des épaves, c'est le seul pays où l'opposition a le porte-feuille de ministre des Affaires étrangères, le seul pays où des groupes armés sont rebelles le jour, terroristes la nuit et trafiquants tout le temps ; le seul pays où la mauvaise foi politique et la corruption atteignent de tels sommets. » Les détournements ont en effet alimenté la chronique pendant tout le règne d'Ibrahim

Boubacar Keïta. L'affaire des «blindés en carton», comme les Maliens l'ont surnommée, est sans doute la plus emblématique. La société Streit group, basée au Canada, mais fabriquant des Typhoon[20] aux Émirats arabes unis, dirigée par le mystérieux Guerman Goutorov, avait livré aux forces armées maliennes des blindés sans blindage, ou presque, surpayés : cent engins pour cent milliards de francs CFA, leur armure avait la taille d'une feuille de vigne. Guerre et corruption forment un vieux couple, les histoires comme celles-ci se ramassent à la pelle et ne sont pas réservées au seul continent africain.

Une autre affaire a défrayé la chronique malienne, celle de la société bretonne Idemia. En 2015, Bamako a attribué le marché des passeports biométriques à cette société proche de Thomas Le Drian, fils du ministre de la Défense de l'époque. Les députés maliens s'étaient émus de ce contrat passé de gré à gré, d'autant que la facture avait explosé. Pendant des années, plus personne n'a entendu parler de l'histoire, elle a rebondi en mars 2022, au plus fort des tensions entre la France et le Mali[21]. Une association a déposé plainte contre Jean-Yves Le Drian pour «complicité de prise illégale d'intérêt et favoritisme». Trois mois plus tard, le ministre était dûment convoqué par le juge d'instruction de la commune III de Bamako. Il ne s'y est pas rendu et depuis plus personne n'a eu de nouvelles de l'histoire ni ne s'est interrogé sur le sort de ce dossier.

____

20. Les Typhoon sont des véhicules blindés de combat.
21. https://mondafrique.com/a-la-une/le-retour-du-contentieux-judiciaire-de-le-drian-avec-la-justice-malienne/

Politiquement, le bilan d'Ibrahim Boubakar Keïta n'est guère plus brillant. Dès son arrivée au pouvoir, il a enterré l'accord de la CEDEAO signé à Ouagadougou, négocié en 2012 par le ministre des Affaires étrangères du Burkina Faso, Djibril Bassolé. Cet accord avait pourtant permis de régler en partie la double crise, institutionnelle et sécuritaire, en dialoguant avec Iyad Ag Ghali et le MNLA et en organisant les élections qui l'ont porté au pouvoir. Méfiant vis-à-vis de Blaise Compaoré, il a plaidé pour d'autres négociations sous l'égide du grand voisin algérien. Ce nouvel accord, dit accord d'Alger, paraphé en 2015, sous les pressions internationales, entre Bamako et les groupes rebelles armés du Nord, était trop ambitieux. Il s'attelait à régler, d'une seule traite, des décennies de problèmes non résolus. Autre question et non des moindres, il excluait le chef rebelle touareg qui, une fois marginalisé, s'est ensuite radicalisé en rejoignant Al-Qaïda. Il nécessitait, en plus, une révision de la Constitution pour être appliqué dans son entièreté. Malgré ses nombreux défauts, il avait tout de même le mérite d'exister et d'imposer une trêve entre les signataires. Mais, Ibrahim Boubakar Keïta n'a rien fait pour mettre en œuvre ce qu'il avait lui-même appelé de ses vœux. Kidal est resté un abcès de fixation. En 2014, le gouvernement malien a même essayé, en violation de ce texte, de reprendre la ville par la force. La défaite subie fut humiliante.

Pour la France qui est intervenue militairement sans objectif, sans vision et sans avoir fixé de calendrier, l'application dudit accord devient, à partir de 2015, le seul horizon politique, jusqu'à devenir un leitmotiv. « Je veux que tout ce qui est inscrit dans les accords d'Alger soit appliqué». Ainsi parlait Emmanuel Macron dès son entrée en fonction.

C'est dans ce contexte d'échec sur tous les plans qu'Ibrahim Boubacar Keïta a abordé les élections présidentielles de 2018. Comme le dit l'adage «en Afrique, on n'organise pas une élection présidentielle pour la perdre.» Bourrages d'urnes, achats de voix se sont déroulés presque à ciel ouvert, les barons du régime ne s'en cachant même pas. Comme prévu, le président malien a été déclaré réélu au second tour avec 67,17 % des suffrages devant le chef de file de l'opposition, Soumaïla Cissé. L'ami Jean-Yves Le Drian s'est alors précipité pour reconnaître le «gagnant» avant la déclaration officielle du Conseil constitutionnel, ce qui a eu le don d'ulcérer les Maliens. À intervalles réguliers, la calebasse se remplit. Dans la foulée, Emmanuel Macron, le président sénégalais Macky Sall et le Secrétaire général des Nations unies, Antonio Gutterez, agissent de même. La promptitude de la France et des autres acteurs internationaux à reconnaître cette victoire contestée est incompréhensible, ce n'est pas dans leur intérêt. Tout ce qui est néfaste pour le Mali est fâcheux pour ceux qui interviennent militairement dans le pays. Mais la «sacro-sainte stabilité» passe avant la «sacro-sainte démocratie». Ils haïssent les changements, surtout lorsque le président est dans le bon camp: le leur... L'histoire a pourtant montré, et elle le montrera encore et encore, que c'est précisément l'inverse qui se produit. Les effets secondaires de ces scrutins insincères sont bien documentés: fracture de la société ou ce qu'il en reste, répression, violence, frilosité des investisseurs, appauvrissement de la population, coup d'État à plus ou moins long terme.

Le Mali entre donc dans un cycle de convulsions politiques, qui ne prendront réellement fin qu'avec le coup d'État de 2020. Pendant ce temps, la situation sécuritaire poursuit sa descente aux enfers. Les militaires sahéliens n'obtiennent pas de réel succès dans leur lutte contre les djihadistes. Quels que soient les problèmes structurels de ces armées nationales, pourtant formées depuis les indépendances en grande partie par les Occidentaux, mais aussi pour certaines par l'Union soviétique jusqu'à la chute du mur de Berlin, il faut relativiser leurs échecs. Aucune grande puissance n'a jamais gagné de guerre asymétrique.

Pour masquer et compenser leurs faiblesses et surtout faire ce qu'un État ne peut pas faire au regard du droit humanitaire international, les gouvernements activent la fameuse loi d'airain des milices. Ils sous-traitent la lutte contre les djihadistes en soutenant et armant des groupes dits d'autodéfense, créés sur des bases ethniques. Le Mali a une longue histoire avec ces groupes, Ganda Koy, pour lutter contre la rébellion touareg des années 1990, Ganda Izo pour celle des années 2000. En 2016 naît Dan Na Ambassagou, un groupe composé de chasseurs traditionnels dogons. Ces chasseurs traditionnels, appelés Dozos, font partie d'un groupe social qui transcende les ethnies. Ils sont actifs dans toute l'Afrique de l'Ouest, ils ont servi de supplétifs aux États dans de nombreux conflits, Libéria, Sierra Leone, Côte d'Ivoire pendant la guerre de 2011. En 2015, au Burkina Faso, le pouvoir du président Roch Marc Christian mise, lui, sur les Koglweogos, ces « protecteurs du territoire » de l'ethnie mossi. En 2018, ces milices sont équipées, entraînées, renforcées. Le groupe de Dozos se vantera de compter jusqu'à 5 000 combattants. Les deux milices maliennes et burkinabè, qui n'ont par ailleurs aucun lien entre elles, ont les Peuls dans leur collimateur. Dès les premières attaques, tout le monde, chercheurs, journalistes, politiques, range le phénomène dans la case « conflits intercommunautaires » ou « conflits interethniques ». Sont évoqués pêle-mêle les antagonismes entre nomades et sédentaires, entre agriculteurs et éleveurs, les problèmes fonciers, la démographie et même le changement climatique. Cette grille de lecture n'est pas fausse, de tout temps, ces problèmes et rivalités-là ont existé. Toutefois, les litiges se réglaient toujours après de longs palabres entre chefs traditionnels, parfois quelques coups de gourdins, exceptionnellement un mort.

Ces analyses présentent deux défauts majeurs, ceux d'occulter toute dimension politique et de déresponsabiliser les États comme les partenaires extérieurs. En réalité, ces conflits dits intercommunautaires ne sont que l'acmé de l'impuissance, de la méconnaissance des réalités et de l'absence de stratégie dans la lutte contre les djihadistes. Ils sont les conséquences et non les causes.

Dans leur combat contre le terrorisme, les grandes puissances ont tendance à minimiser leurs adversaires, jusqu'à ce que « ces décérébrés en babouches » finissent par gagner, comme ce fut le cas à Kaboul. Iyad Ag Ghali, le patron du JNIM, est un fin connaisseur des dynamiques sociales et politiques de toute la région. Au passage, l'ancien rebelle touareg connaît aussi très bien les Occidentaux pour avoir été, dans les années 2000, l'émissaire du Mali lors des transactions de libération d'otages.

Dès 2012, à Tombouctou, il a commencé à élargir son recrutement aux Peuls et organisé leur formation dans l'Adrar des Ifoghas. En les enrôlant, il signe un joli coup. Il relâche la pression sur sa communauté touareg ; il s'assure un vivier de recrutement d'hommes réputés habiles au combat, beaucoup plus nombreux que les Touareg ; il agrandit sa « zone d'influence » avec la possibilité d'étendre son champ d'action. Plus tard, l'État islamique enrôlera les Peuls du Niger, de Gao et de ses environs.

Si de nombreux jeunes Peuls sont effectivement devenus djihadistes, tous ne le sont pas. Pourtant, les armées nationales, échouant à contenir les groupes armés, se vengent contre les civils de cette communauté, elles commettent exactions et exécutions extrajudiciaires. La montée en puissance des milices alimente la spirale de la violence et fait entrer le conflit dans un cycle infernal. Chaque attaque des militaires et/ou de ces groupes dits d'autodéfense contre des villageois est suivie de représailles du JNIM, qui en profite pour revêtir le costume du défenseur de la veuve et de l'orphelin.

L'année 2019 sera terrible. Le plus important massacre est celui de Yirgou, au Burkina Faso, où 210 civils peuls sont tués par les Koglweogos le 1er janvier. En mars aura lieu celui d'Ogossagou, 160 villageois dont des femmes et des enfants sont assassinés par les Dozos de Dan Na Ambassagou, même si son chef, Youssouf Toloba, en nie la responsabilité. Jamais la justice ne passera. En toute impunité, les tueries se poursuivent encore et encore. Malgré les changements de régime successifs, au Burkina Faso, elles continueront jusqu'à prendre des proportions dantesques. La liste des noms de villes ou villages écrite en lettres rouges s'allonge, Banh, Kain, Nouna, Djibo, Zaongo... Un proverbe sahélien dit « le sable engloutit tout sauf le sang », il faudra du temps, beaucoup de temps...

Les condamnations occidentales sont formulées du bout des lèvres. Pourtant, ces exactions nuisent terriblement à leurs actions puisqu'elles participent à augmenter considérablement le niveau de violence. De plus, ces drames renforcent les rangs de l'État islamique ou du JNIM, ils sont un formidable vivier de recrutement. Les ressorts du djihadisme sont comme des poupées russes, les raisons sont nombreuses et bien documentées. Les premières causes et les plus importantes sont l'injustice et ses corollaires, impunité et désir de vengeance, les motivations religieuses ne comptant que pour une petite partie.

Mais puisque ce sont des problèmes dits interethniques, les partenaires extérieurs jugent que ce n'est pas de leur ressort. Barkhane n'avait pas de mandat pour intervenir dans le centre du Mali. De plus, cette région étant densément peuplée, les militaires français souhaitaient limiter les risques de dommages collatéraux. L'Union européenne n'a que rarement et très mollement dénoncé ces violations des droits de l'homme. La MINUSMA, avec ses 13 000 hommes pourtant déployés partout et présents en force dans le delta central, était empêtrée dans ses contradictions. Son mandat lui imposait d'agir pour garantir la sécurité des populations, mais ses règles d'engagement la réduisaient à l'impuissance.

Il faudra attendre que le président mauritanien, Mohamed Ould Ghazouani, montre à Emmanuel Macron des vidéos de Peuls martyrisés lors d'un sommet du G5 à Nouakchott, en juillet

2020, pour que le président français prenne la mesure du drame en cours. Lors de cette réunion à huis clos avec les cinq chefs d'État, il demande enquêtes et sanctions, en vain. Puis publiquement, il déclare : « les Peuls ne sont les ennemis de personne »[22]. Cela n'a bien entendu pas suffi…

L'absence de condamnation officielle par les Occidentaux est une des autres raisons de leur rejet sur le continent. Contrairement au massacre de Boutcha en Ukraine, jamais les grandes tueries comme celles de Duékoué, Côte d'Ivoire, mars 2011 ; d'Ogossagou, Mali, mars 2019 ; de Yirgou, Burkina Faso, janvier 2019, n'ont donné lieu à des demandes de réunions d'urgence au Conseil de sécurité. Pourtant, le manque de réaction internationale devant ces hécatombes est vécu comme un deux poids, deux mesures, une forme de racisme qui revient systématiquement parmi les critiques. Pourquoi la Cour pénale internationale ne s'en est pas saisie, alors qu'elle a jugé un auteur de la destruction des mausolées de Tombouctou ? Les Maliens s'interrogent, leur vie vaut-elle moins que leur patrimoine ?

---

22. https://information.tv5monde.com/afrique/g5-sahel-nouakchott-un-sommet-pour-consolider-les-acquis-et-tourner-la-page-de-la-crise-de

Chapitre IV
Tant va la calebasse à l'eau...

2018 a préparé le terrain à 2019, une année noire. Entre les exactions des armées, celles des milices et les attaques djihadistes de l'EIGS et du JNIM, plus de 4 000 civils et militaires ont péri cette année-là, selon les Nations unies. Le nombre de personnes déplacées a atteint deux millions. Les populations ne comptent plus que sur elles-mêmes pour se sécuriser. Elles commencent à s'interroger sur les raisons de leurs malheurs et sur les agendas des acteurs internationaux. Dans les « *grins* », ces petits cafés de Bamako, comme dans les maquis de Ouagadougou, les mêmes questions reviennent en boucle. Comment avec tous ses équipements, ses avions, ses blindés la France n'arrive-t-elle pas à venir à bout de quelques milliers de djihadistes en sandales qui ne disposent ni d'armement sophistiqué ni de la maîtrise du ciel ? La colère monte contre la Minusma et Barkhane, toutes deux accusées d'inaction face à la détérioration sécuritaire. Les djihadistes sont de plus en plus nombreux et leurs combattants sont de mieux en mieux aguerris et organisés[23]. Leurs attaques contre les camps militaires de Boulkessi et Mondoro en octobre 2019, où près de 200 soldats maliens périssent, en attestent. Elles renforcent les incompréhensions des populations et leurs interrogations. La France a perdu la bataille des cœurs sans laquelle aucune armée ne peut gagner. De sauveur, elle est passée à force d'occupation, selon une logique bien connue chaque fois qu'un conflit s'éternise. Au Mali et au Burkina Faso, les premières manifestations dénonçant l'impérialisme et appelant la Russie à l'aide tout en demandant le départ des forces étrangères ont lieu. Si ces mouvements répondent à des préoccupations légitimes, ils sont néanmoins instrumentalisés en sous-main par les régimes en place qui préfèrent déplacer la colère vers les acteurs extérieurs qu'avoir à répondre de leurs propres défaillances.

Après avoir beaucoup communiqué, fait preuve de volontarisme, affiché un optimisme béat en annonçant d'un air martial des victoires de la force du G5 Sahel pour 2018, Emmanuel Macron se tait, le Quai d'Orsay aussi. Les ministères des Armées et des Affaires étrangères commandent des rapports à des instituts privés pour trouver des pistes de sortie. Depuis l'arrivée de ce président à l'Élysée, le gouvernement a très souvent fait appel à des cabinets extérieurs, comme si les ressources et les expertises au sein de l'appareil d'État manquaient. Il est vrai

---

23. Il est très difficile d'obtenir un chiffre précis du nombre de djihadistes. D'une part, les sources divergent parfois fortement. En 2019, par exemple, ils étaient entre 1 400 et 3 000 ; de l'autre, leur nombre fluctue en fonction à la fois des périodes, selon les pertes qu'ils subissent et selon les nouveaux arrivants. Seule l'extension des territoires sous leur contrôle permet d'avoir une idée de l'importance des divers groupes armés.

que la diplomatie française, autrefois copiée et enviée dans le monde entier, a depuis longtemps perdu de sa superbe. Résultat de longues années de dévoiements depuis l'arrivée de Philippe Douste Blazy au Quai d'Orsay en 2005. Pour un diplomate de cette grande maison, « Cette nomination signe la fin du prestige de ce ministère qui, à partir de ce moment-là, devient un ministère comme un autre. Cela illustre aussi la fin d'une ambition, dans le monde, un repli mortifère sur elle-même ». Le docteur de Lourdes inaugurera ensuite une série de ministres, Michèle Alliot-Marie, Bernard Kouchner, qui ont accablé le Quai d'Orsay de leur inculture sur les sujets internationaux et de leurs bourdes à répétition. La palme de ces sottises peut être attribuée au « French docteur » qui, se prenant les pieds dans le tapis de son ignorance, avait appelé les Ouïghours : « les Yogourts ». Dix ans plus tard, lors d'un voyage en Chine, j'ai été surprise de constater qu'il était le seul ministre français connu des pékins moyens. Ils en rient encore. L'élection de Nicolas Sarkozy a marqué un autre tournant : celui de la prise de pouvoir des néoconservateurs, signant ainsi la fin de l'ADN français en matière de politique étrangère.

Au sein de la cellule diplomatique de l'Élysée, « le président qui ne sait pas qu'il ne sait pas » ne s'entoure pas des meilleurs experts. Son conseiller Afrique pendant tout le premier quinquennat, Franck Paris, n'a pas une grande expérience du continent. C'est un technicien, un énarque camarade de la promotion Senghor du chef de l'État. Cette promotion est une réserve dans laquelle puise le président, arrivé au pouvoir sans ancrage territorial et sans ami politique de trente ans.

Les personnalités qui ont approché «le Monsieur Afrique» de l'Élysée le décrivent au mieux comme «inexistant», «léger», les autres commentaires sont beaucoup moins amènes. Un député qui maîtrise les arcanes de la macronie confie: «Emmanuel Macron recrute des gens qui lui ressemblent. Il caporalise, centralise et déresponsabilise. Même s'il voulait des renseignements et de l'expertise, il ne les obtiendrait pas.» Ajoutez à cela les rivalités anciennes entre le Quai d'Orsay et la cellule diplomatique de l'Élysée et le tour n'est pas joué. Comment s'étonner alors qu'une telle politique ne laisse pas la place à tous les fantasmes? Les nombreux Africains francophones qui accusent la France d'avoir un agenda caché ont tout simplement des difficultés à admettre qu'elle ne les comprend plus. Certains s'en sont aperçus plus vite que d'autres. En 2019, un intellectuel malien écrivait: «La France ne connaît plus l'Afrique, ses élites s'abreuvent des livres d'histoire avec des clichés dépassés. Du coup, le jeu est faussé, tant qu'on ne fera pas la bonne analyse, on ne fera la paix ni au Sahel ni ailleurs.»

C'est au cours de cette séquence hautement inflammable, entre extrême violence et récriminations contre Paris que, le 25 novembre 2019, 13 soldats français sont tués dans un accident d'hélicoptère lors d'une opération contre l'État islamique, dans la région de Ménaka. C'est un choc. Sur les 51 morts au cours des huit années d'engagement, 17 sont décédés en 2019. Les opinions publiques occidentales ne tolèrent plus de perdre des militaires lors des guerres que leurs gouvernements mènent à l'étranger. Le conflit au Sahel, jusqu'alors assez méconnu du grand public français, s'invite dans les médias nationaux. Le débat sur l'enlisement de Barkhane, sa stratégie et sa justification est lancé. Le chef d'état-major de l'époque, le général Lecointre, réfute alors le terme « d'enlisement » et reprend les arguments de François Hollande en 2013 pour légitimer l'opération française : « Nous avons une dette envers ces pays. Combien d'Africains sont venus se faire tuer en France et en Europe pendant les deux guerres mondiales ? »

Dangereuse politiquement pour l'exécutif, la séquence est d'autant plus difficile à gérer que l'Élysée traverse une période tendue sur la scène intérieure, avec le mouvement des Gilets jaunes qui s'éternise et les manifestations contre la réforme des retraites.

Emmanuel Macron a entendu les voix des populations sahéliennes demandant le départ de la France et les appels du pied à la Russie. Les déclarations des présidents tchadien et burkinabé lors du sommet Russie/Afrique à Sotchi, fin octobre 2019, ne sont pas tombées non plus dans l'oreille des sourds[24]. Le premier a lancé un caillou dans le jardin de la France en Afrique : « Le soutien de la Fédération de Russie est vital pour renforcer la stabilité régionale. L'appui en formation et en équipement militaire, le partage de renseignement et d'expérience avec les forces africaines engagées sur ce front seront d'une grande utilité. » Le second a jeté un gros pavé dans le marigot : « Nous sommes tout à fait en droit de diversifier nos partenaires sans aucune contrainte, parce que nous n'avons pas de relation d'exclusivité avec un partenaire quelconque. Ce sont nos intérêts que

---

24. https://www.francetvinfo.fr/monde/afrique/politique-africaine/la-russie-exerce-t-elle-une-influence-au-mali_3711387.html

Tant va la calebasse à l'eau...

nous suivons.» Traduction de ces mises en garde : «Le monde a changé, la France doit arrêter de se comporter comme une nation exceptionnelle et indispensable.» Le président français va tenter de reprendre la main en faisant preuve d'autorité...

Le 4 décembre, lors du sommet de l'OTAN, il invite les présidents du G5 Sahel à se rendre à Pau le 16 décembre, en ces termes[25] : «J'attends d'eux qu'ils clarifient et formalisent leurs demandes à l'égard de la France et de la communauté internationale», «Souhaitent-ils notre présence et ont-ils besoin de nous ? Je veux des réponses claires et assumées sur ces questions.» Cette «convocation» suscite un tollé général dans tous les pays du Sahel, sur les marchés comme chez les élites. Cette déclaration publique devant tous les membres de l'Alliance est vécue comme une offense et un chantage. L'amicale des anciens ambassadeurs du Mali s'étonne[26] du ton «éminemment discourtois» et renvoie au b.a.-ba de la diplomatie : «Cette attitude ne sied pas aux relations de courtoisie et de respect mutuel qui doivent exister entre chefs d'État souverains.» Ils appellent les autorités françaises «à observer les règles diplomatiques».

Les présidents du G5 se retrouvent en position catch 22 : soit, ils plient et se rendent à la convocation et ils seront immanquablement conspués par leurs peuples respectifs; soit, ils déclinent et ils prennent le risque de perdre le soutien de Paris. Un soutien précieux à plusieurs titres : il garantit leur longévité au pouvoir

---

25. https://www.vie-publique.fr/discours/272263-emmanuel-macron-04122019-otan
26. https://www.iveris.eu/list/notes/474-cote_divoire_sahel__deux_rendezvous_a_hauts_risques

et favorise l'obtention de subsides de l'Union européenne et des grands bailleurs de fonds. En sommant les chefs d'État de se rendre à Pau, sous peine de remettre en cause l'intervention française à un moment où la situation sécuritaire est d'une gravité sans précédent, Emmanuel Macron détruit la légitimité des présidents sahéliens au pire moment de leur histoire. Le malaise est d'autant plus grand que, si vu de Paris, le choix de cette ville peut se comprendre, puisque sept des treize soldats français morts le 25 novembre y étaient cantonnés. Vu du Sahel, la situation est très différente. Depuis le début de l'année 2019, ce sont plusieurs centaines de militaires burkinabè, maliens, nigériens, qui sont, eux aussi, tombés au champ d'honneur et Emmanuel Macron ne s'est rendu à aucune des cérémonies d'hommage.

Selon un ministre sahélien qui se souvient de cette séquence comme si c'était hier, les chefs d'État sahéliens se concertent. Trois d'entre eux sont particulièrement excédés. Le chef de l'État tchadien, Idriss Déby, le chef de guerre, l'animal politique qui, en trente ans de pouvoir, a connu cinq présidents français ne s'en laisse pas compter. Il a déjà eu des différends avec Emmanuel Macron, notamment sur la politique menée par la France en Centrafrique, sur le financement des opérations au Sahel et sur l'énorme pression mise sur l'armée tchadienne pour que ses contingents participent à la fois à la mission de la Minusma et de la Force du G5 Sahel. Il refusera d'ailleurs de fournir un huitième bataillon à cette force conjointe, prétextant les menaces persistantes de Boko Haram dans la région du lac Tchad.

Ibrahim Boubakar Keïta, lui, ne supporte plus les mauvaises manières du «gamin». Le ministre rapporte une anecdote apparemment insignifiante, mais qui en dit long sur l'incompréhension et la méconnaissance des cultures. Comme beaucoup de musulmans, le président malien ponctue très souvent ses phrases par «*inchallah*». Agacé, le locataire de l'Élysée, qui ne comprend pas le sens réel de cette expression, tacle : «*inchallah, inchallah,* ce n'est pas ma tasse de thé*»* !

Les relations avec le Burkinabé, Roch Marc Christian Kaboré, ont subi un coup de froid depuis l'affaire du climatiseur. Petit retour en arrière, le président français se rend à Ouagadougou en novembre 2017 pour y prononcer un discours censé renouveler les relations entre la France et le continent[27]. Pour parler à la jeunesse, il a choisi l'université de la capitale. Dès l'entame, il frappe fort : «Je ne suis pas venu ici vous dire quelle est la politique africaine de la France comme d'aucuns le prétendent. Parce qu'il y a plus de politique africaine de la France.» *Ite missa est.* Ces propos sont d'autant plus singuliers qu'ils sont proférés à une époque où les moyennes puissances se dotent d'une politique africaine tandis que les grandes redéfinissent la leur. *In fine,* ce discours fleuve truffé de phrases amphigouriques : «[...] nous sommes orphelins en quelque sorte d'un imaginaire commun, nous souffrons d'un imaginaire qui nous enferme dans nos conflits, parfois dans nos traumatismes [...]» n'est resté dans les mémoires que de quelques commentateurs. Paradoxalement, ces derniers se réfèrent à cette conférence pour démontrer qu'Emmanuel Macron a clairement défini la politique africaine de la France à Ouagadougou ! En revanche,

---

27. https://www.elysee.fr/emmanuel-macron/2017/11/28/discours-demmanuel-macron-a-luniversite-de-ouagadougou

l'incident, lui, demeure toujours dans les esprits. À la question d'une jeune fille qui demandait si sa faculté pourrait bénéficier de la climatisation mise en place spécialement pour l'occasion, le président français répond : «Vous me parlez comme si j'étais toujours une puissance coloniale». Puis enjoué, il ajoute «mais moi je ne veux pas m'occuper de l'électricité dans les universités au Burkina Faso, c'est le travail du président. » À cet instant, Roch Marc Christian Kaboré se lève, sort de la salle puis tout à son enthousiasme, Emmanuel Macron l'interpelle en riant «Reste là», il ajoute à l'adresse des étudiants, «il est parti réparer la clim». L'anecdote fera le tour de l'Afrique et les relations entre les deux chefs d'État en souffriront. Ces tensions pèseront aussi sur la coopération entre les deux armées.

À son arrivée au pouvoir, de nombreux présidents francophones portaient pourtant un regard bienveillant sur ce jeune dirigeant. Ils étaient prêts à l'aider, y compris à le conseiller en politique intérieure. Ils ont tous fait leurs études à Paris et ont une connaissance fine de la société française, souvent meilleure que certains proches du président. Certes, comme beaucoup de leurs compatriotes, ils avaient été offusqués, gênés, par la manière dont avait été célébrée la première fête de la musique à l'Élysée. D'autres n'avaient pas non plus apprécié la trahison faite à leur ami Hollande, mais ils étaient tout de même décidés à jouer le jeu. Las, ils ont baissé les bras.

Les chefs d'État ne sont donc pas disposés à se soumettre aux ordres de l'Élysée. Pour sortir de l'impasse, ils décident donc d'organiser un sommet du G5 à Niamey le 15 décembre, une belle excuse pour décliner «l'invitation» et laisser Emmanuel

Macron aller seul à Pau. Mais avant même que cette réunion ne soit rendue publique, Mahamadou Issoufou, le président nigérien qui a un rapport particulièrement décomplexé à la trahison, comme le montrera le coup d'État de juillet 2023, cafarde le projet au président français. Illico, ce dernier reporte le Sommet au 13 janvier 2020. Ambiance.

Avant cette date, le président a inscrit à son agenda international un autre rendez-vous audacieux. Il doit se rendre à Abidjan le 20 décembre pour une visite d'État de 72 h. Comme d'habitude dans ce pays à un an de la présidentielle, les Ivoiriens sont anxieux et tendus. Les partis d'opposition interprètent ce voyage comme un nouvel adoubement d'Alassane Ouattara par Paris et s'en inquiètent. En plus du réveillon de Noël anticipé avec les forces françaises de Côte d'Ivoire, Emmanuel Macron a prévu de rencontrer les étudiants de l'université de Bouaké, l'affaire du climatiseur est encore dans les mémoires, tout le monde craint la sortie de route. Finalement, ce rendez-vous sera annulé, mais il y aura bien d'autres festivités. Pour montrer à ses adversaires politiques sa proximité avec l'Élysée, le président ivoirien a, en effet, prévu beaucoup de joyeusetés. La première consiste à fêter en grande pompe les 42 ans de son homologue. Les petits plats sont rangés dans les grands. Bien loin de l'austérité et des drames du Sahel, les images de cette cérémonie mondaine resteront à la postérité. Verre de champagne à la main, Brigitte, Dominique, Alassane, Emmanuel et une kyrielle d'invités heureux se déhanchent sur des airs de coupé-décalé sur les bords de la lagune Ebrié. Le groupe Magic System, convié spécialement pour l'occasion, chante : « Être président ce n'est pas facile oh demandez au président Ouattara oh coupez tout doucement, c'est votre gâteau oh oh »[28]. Plus tôt dans la journée, Emmanuel Macron a été fait citoyen d'honneur de la ville d'Abidjan avec la remise de tous les symboles traditionnels, clés, pagne, sandales, sans oublier l'indispensable chasse-mouches qui inspire les bonnes décisions et éloigne celles qui pourraient gêner dans le futur. Nul doute que l'objet culte trône désormais en bonne place sur son bureau au Château. Dans son court discours pour remercier ses hôtes, le président français a choisi de faire sienne[29] une phrase d'Houphouët Boigny prononcée à l'adresse de Georges Pompidou en 1961 : « La France et la Côte d'Ivoire sont un vieux couple heureux, d'amis fidèles et sans drame, notre histoire est belle, car elle s'est nourrie d'une compréhension réciproque, notre histoire est sereine, car elle est celle d'une certaine joie de vivre et d'être ensemble en harmonie devant les grands problèmes de ce temps. » Sauf que, presque quarante années sont passées et cela fait bien longtemps que l'histoire n'est plus paisible, les dates égrènent les tragédies : 2002, 2004, 2011. Les Ivoiriens restent sans voix. Ce n'est pas comme si la France avait bombardé le palais présidentiel pour trancher un litige électoral et installer Alassane Ouattara au pouvoir... Les oppositions bien décidées à se faire entendre ont organisé un meeting unitaire le jour de l'anniversaire. Mais la veille au soir, un conseiller de l'Élysée a rencontré les dirigeants des deux grands partis, PDCI et FPI, en leur demandant de surseoir à l'événement. Un cadre

---

28. https://www.youtube.com/watch?v=BSd6MGTa158&ab_channel=ivoirein-fotvnet
29. https://www.youtube.com/watch?v=M8Dl3-Y1YN0

Tant va la calebasse à l'eau...

d'une de ces organisations se demande encore pourquoi Henri-Konan Bédié a accepté de capituler. La fête n'a donc pas été gâchée d'autant que l'apothéose finale restait à venir. Quelques heures avant la fin du séjour, les deux présidents annoncent la fin du franc CFA[30], qui sera remplacé par l'ECO en 2020. Toute la presse internationale commente, les superlatifs fusent: «Historique!», «Fin de la monnaie coloniale». Quelques jours suffisent à transformer le scoop planétaire en flop magistral. Le président ivoirien ayant tout simplement omis de consulter ses pairs de l'Union économique et monétaire d'Afrique de l'Ouest. Les critères de convergence d'ordre économique et financier entre les pays de la zone n'avaient même pas été arrêtés. Le Nigéria a donc demandé un délai. Quatre années plus tard, Anne ma sœur Anne ne vois-tu rien venir? Je ne vois que le soleil qui poudroie...

Lors de ce séjour ivoirien, le caractère enjoué et affable d'Emmanuel Macron envers Alassane Ouattara contraste avec le ton impérieux à l'endroit des chefs d'État du G5 Sahel. La polémique créée par la convocation de Pau ne faiblit pas, les manifestations rejetant la présence militaire française sont de plus en plus nombreuses. Pour calmer les esprits, sur le chemin du retour, le président français consent à faire une courte escale à Inates au Niger pour rendre hommage aux 71 soldats morts quelques jours plus tôt lors d'une attaque de l'État islamique.

Le jour fatidique du Sommet est arrivé, les présidents sahéliens ont fini par se rendre à Canossa. Martial, Emmanuel

---

30. https://www.france24.com/fr/20191221-direct-live-conference-presse-abidjan-franc-cfa-emmanuel-macron-ouattara-cote-ivoire

Macron ouvre le Sommet en déclarant : « Cette situation, nous ne voulons pas la laisser perdurer, c'est pourquoi la rencontre de Pau marque à mes yeux un tournant très profond dans la méthode, l'approche en reclarifiant le cadre politique en redéfinissant très clairement les objectifs [...] » Le chef de l'État a revêtu son costume de chef de guerre et affiche sa confiance. Une nouvelle fois, les seules décisions prises sont militaires, Barkhane est renforcé avec 600 hommes supplémentaires, l'effort est concentré dans la zone des « trois frontières » avec un ennemi prioritaire : l'EIGS. Toutes les forces devront être concentrées dans cette zone, celle du G5, les armées nationales et les groupes signataires de l'accord d'Alger, ceux proches de Bamako désignés sous l'appellation « Plateforme et ceux de la Coordination des mouvements de l'Azawad (CMA) ». Politiquement, aucune grande question n'est abordée : milices, financement du terrorisme, trafics en tous genres. L'arrivée de combattants étrangers en provenance d'Idlib en Syrie, une province sous la coupe de groupes djihadistes n'a, au moins publiquement, pas non plus été abordée. À plusieurs époques pourtant, ces hommes des Saoudiens, Syriens, Irakiens, Koweitiens, Maghrébins, particulièrement dangereux, car aguerris et bien formés, ont débarqué dans la zone des «trois frontières» pour rejoindre les rangs de l'État islamique, en transitant par le Liban et la Libye. Emmanuel Macron ne cite la Libye que pour annoncer une grande conférence internationale à venir... Lors de ce sommet, seul le retour de la souveraineté des États sur toute l'étendue de leurs territoires est mentionné, sans pour autant expliciter la manière de le mettre en œuvre.

Emmanuel Macron se félicite. Le «sursaut» et la «clarification» qu'il attendait de ses cinq homologues est au rendez-vous, du moins le croit-il. Il ne le sait pas encore, mais il vient de perdre les pays du Sahel. Associée à l'incapacité collective à réduire le niveau de violence, la convocation de Pau a fait déborder la calebasse du rejet de la politique française dans la région. La suite ne sera plus qu'un long chemin de croix.

Cette réorganisation permettra néanmoins d'en finir avec les attaques massives contre les camps militaires. La concentration des forces est initialement payante, d'autant que le JNIM a aussi combattu son rival. L'EIGS est très affaibli... momentanément. Cependant, les djihadistes s'adaptent vite et passent à d'autres formes de combats plus asymétriques. Dans le même temps, la coalition dirigée par Iyad Ag Ghali en sort renforcée.

Un an plus tard, en février 2021, lors d'un nouveau sommet du G5 à Ndjamena, Emmanuel Macron affiche encore son optimiste : «Cet effort militaire défini à Pau a donc permis des victoires, nous a permis d'obtenir des résultats et a sauvé une deuxième fois le Sahel» ! Au Tchad, les débats se portent encore sur les questions sécuritaires. Le président français désigne les nouveaux ennemis publics : Iyad Ag Ghali et Hamadou Koufa, passant ainsi sans ni rougir ni faiblir de l'EIGS au JNIM !

En quatre ans, visiblement ni le président français ni ses équipes n'ont encore compris les dynamiques des mouvements djihadistes. Les assassinats de chefs comme ceux dont se targue l'exécutif ne résolvent rien. Ces groupes sont structurés de manière à supporter la perte d'un dirigeant, de plus la « neutralisation » d'un chef peut s'avérer encore plus néfaste pour les populations si celui-ci est moins expérimenté, plus violent. L'histoire de la décennie noire en 1990 en Algérie l'enseigne. La stratégie antiterroriste qui consistait à éliminer les dirigeants du Groupe islamique armée (GIA) fut contre-productive. Leurs remplaçants se montraient encore plus radicaux avec des modes opératoires féroces. Finalement, Alger a résolu le problème grâce à des réformes politiques. Certes, les plus extrémistes d'entre eux se sont réfugiés au Nord Mali...

Malgré ces leçons de l'histoire, la France reste butée sur cette question. Lors de ce nouveau sommet à Ndjamena, toujours figé dans sa posture verticale, Emmanuel Macron réitère pour la énième fois l'opposition de la France à toutes négociations avec le JNIM. Pourtant, dialoguer avec ce groupe djihadiste était clairement une volonté du peuple malien signifiée à plusieurs reprises, notamment en 2019 lors du dialogue national. Sur ce sujet, Paris est isolé. Des pays du Sahel à l'Union africaine en passant par les Nations unies, le dialogue est considéré comme une porte de sortie. Smaïl Chergui, alors conseiller Paix et Sécurité de l'Union africaine, déclare en octobre 2020 : « L'accord signé avec les talibans, le 29 février 2020, peut inspirer nos États membres pour explorer le dialogue avec les extrémistes et les encourager à déposer les armes, en particulier ceux qui ont été enrôlés de force. »[31] À la même époque, le Secrétaire général des Nations unies, Antonio Guterrez, qui est sur une ligne similaire, fait passer un message à l'Élysée en signant une tribune dans un journal français, *Le Monde* : « Il y aura des groupes avec lesquels on pourra parler et qui auront intérêt à s'engager dans ce dialogue pour devenir des acteurs politiques dans le futur. Mais il reste ceux dont le radicalisme terroriste est tel qu'il n'y a rien à faire avec eux. » Sans les citer nommément, le patron de l'ONU signifie qu'il est hors de question d'engager des négociations avec l'EIGS, mais que des discussions avec l'organisation dirigée par Iyad Ag Ghaly, sont possibles.

En traçant des lignes rouges dans les sables du désert, Emmanuel Macron s'enferre dans sa solitude sahélienne tout en pariant sur les alliés pour sortir du bourbier. En même temps...

---

31. https://www.lemonde.fr/afrique/article/2020/10/19/antonio-guterres-la-crise-sahelienne-est-une-menace-pour-nous-tous_6056573_3212.html

Chapitre V
Le coup d'épée dans l'eau
ou
L'honneur perdu de la défense européenne

Lesdits alliés n'ont fait aucun cadeau à Emmanuel Macron. Par la voix de son chef d'état-major, la Maison-Blanche choisit le jour du Sommet de Pau pour avertir son partenaire qu'elle pourrait se désengager du Sahel. Stupeur et tremblements à l'Élysée comme au ministère des Armées, qui dépend de l'aide américaine pour le renseignement et la logistique au Sahel. Quelques jours plus tôt, Mark Esper, le secrétaire à la Défense avait préparé les esprits confiant au *New York Times* qu'il étudiait la proposition d'une réduction majeure, voire d'un retrait complet des forces américaines en Afrique de l'Ouest[32]. Même leur

---

32. https://www.francetvinfo.fr/monde/afrique/mali/la-ministre-francaise-de-la-defense-florence-parly-tente-de-convaincre-washington-de-rester-ausahel_3801811.html

grande base de drones d'Agadez qu'ils venaient juste de finir de construire à coups de dizaines de millions de dollars était, disaient-ils, susceptible de fermer. La ficelle était grosse. Si, à cette époque, Donald Trump a sérieusement envisagé de retirer ses troupes de Syrie, sur le continent il n'en a jamais été question, la suite de l'histoire le démontrera. Mais les dirigeants français y croient, Florence Parly file illico à Washington pour convaincre son homologue de ne pas priver la France « d'un soutien essentiel »[33]. Ce petit jeu du chat et de la souris dure des mois, Paris répétant les appels du pied à l'allié pendant que le Pentagone et le département d'État multiplient les déclarations contradictoires sur leur présence en Afrique. À quelles fins ? Obtenir des contreparties sur d'autres dossiers internationaux ? Volonté de faire rentrer le président français dans le rang après sa déclaration tonitruante deux mois plus tôt lorsqu'il avait diagnostiqué « L'OTAN en état de mort cérébrale » ? Une de ces saillies inutiles et contre-productives, qui réjouissent une partie de l'opinion, en fâchent une autre, puis, comme elles ne sont pas suivies d'effets, les contents changent de camp. Résultat : tout le monde est mécontent, mais il y a quand même le retour du boomerang.

Washington maintient donc la pression et laisse planer une épée de Damoclès au-dessus de la tête d'Emmanuel Macron, au moment où celui-ci s'acharne à mettre en œuvre son « laboratoire de la défense européenne ».

Un dossier tentaculaire comme le conflit, en l'occurrence les conflits du Sahel, présente de multiples aspects : la dimension

---

33. *Ibid.*

humaine, une guerre c'est toujours et avant tout des histoires de vies et de morts ; les volets rebutants, comme ceux liés à la bureaucratie européenne et ses missions dans lesquelles malgré tout il faut bien se plonger ; les relations internationales, le Sahel étant devenu l'arrière-cour d'une grande partie de la planète, le décryptage s'avère aussi ardu que passionnant. Et puis parfois, au milieu de ces poupées russes, naît une licorne. L'animal légendaire n'a aucune chance de devenir réalité, mais vous scrutez ses aventures avec délice tant elles sont révélatrices et symptomatiques des extravagances de l'époque.

Donc, avant le Sommet de Pau, faute d'avoir à proposer une vision politique, les technos avaient planché sur de nouveaux outils sécuritaires. Pour accoucher du « Partenariat pour la sécurité et la stabilité au Sahel » (P3S), ils avaient phosphoré avec leurs amis berlinois[34]. Au fil des ans, ce nouvel outil a fini par disparaître du paysage sans bruit...

En revanche, le deuxième dispositif annoncé à cette occasion, Takuba, était un petit bijou, une perle 100 % française qui a alimenté la chronique pendant trois longues années. Au départ, c'était une idée du chef d'état-major, le général Lecointre qui, dès 2018, avait souhaité faire évoluer la force Barkhane en y associant les Européens sur le modèle de la force opérationnelle K-Bar dirigée par les Américains en Afghanistan.

Cette nouvelle *task force* devait être aux Européens ce que le G5 Sahel était aux Sahéliens. Tout un programme... Ce projet eut l'heur de plaire au président français qui n'a de cesse, depuis son

---

34. *Ibid.*

Le coup d'épée dans l'eau ou l'honneur perdu de la défense européenne

discours à la Sorbonne en 2017, de vouloir faire exister, contre vents et marées, la défense européenne. Takuba devait en être le laboratoire et la France s'imaginait en leader. Ce contingent de forces spéciales, dont la mission consistait à entraîner et accompagner au combat les soldats maliens, devait être opérationnel au premier semestre 2020. C'était sans compter sur la mauvaise foi, les crocs-en-jambe, les calculs mesquins et la servitude volontaire des alliés européens vis-à-vis de l'ami américain.

Pendant trois ans, en bonne élève du président, Florence Parly a ferraillé sans relâche pour convaincre les alliés de Bruxelles de participer à la belle aventure. Ce n'est pas un hasard si l'Allemagne est la première à décliner l'offre. Les raisons sont de plusieurs ordres, la première, idéologique, pourrait se résumer ainsi : non à l'Europe de la défense, oui au parapluie de l'OTAN. Deuxième motif plus ou moins avoué : hors de question d'être sous commandement français, comment ont-ils osé nous faire pareille proposition ? Pour savonner un peu plus la planche, en sous-main, Berlin déconseille habilement aux États membres de « devenir une sous-division de l'armée française »[35] ! Enfin, Angela Merkel, qui ne méconnaît pas les difficultés de la France au Sahel, ne veut surtout pas partager le discrédit de la défaite ; que Paris se débrouille seul avec ses anciennes colonies ! Sur ce point, Berlin n'a pas tort. Si l'Europe de la défense est une réelle obsession d'Emmanuel Macron et sert de vitrine à l'opération, les armées comme l'Élysée ne sont pas totalement dénués d'arrière-pensées. Sortir de la solitude sahélienne, ne plus être en

---

35. Selon une source militaire française.

face à face avec les anciennes colonies sont également les objectifs de ce projet. Et si, en prime, la France pouvait ne pas se retrouver seule à porter le fardeau de l'échec, il n'y aurait que des bénéfices à engranger... Tous les pays connaissent évidemment l'équation. Contacté avant le Brexit, le Royaume-Uni oppose un non ferme, mais dans le même temps, Londres augmente sa participation au sein de la Minusma. Une manière de planter ses bottes dans le Sahel, sans être lié de près ou de loin à une opération française. Idem pour l'Espagne qui refuse la main tendue de la France, mais montre un intérêt particulier pour la région avec le déploiement de 530 militaires au sein d'une mission européenne. L'Italie rechigne et se fait prier. Après des discussions de marchands de tapis concernant le dossier libyen où Rome et Paris se livrent à des luttes d'influences, la première soutenant Tripoli, la seconde le camp rival du maréchal Haftar, elle y consent[36]. Ce sera toutefois une participation prudente en soutien, notamment médical, assorti de quelques hélicoptères. La Grèce accepte d'envoyer une petite unité au moment où les Français s'affichent inconditionnellement à ses côtés lors de ses différends avec la Turquie.

Dans le cadre de son très beau et très juste documentaire intitulé, *Mali, la guerre perdue contre le terrorisme*[37], la journaliste Nathalie Prévost a rencontré un officier estonien qui lui a

------

36. https://orientxxi.info/magazine/libye-chaos-politique-ingerences-etrangeres,3594
37. https://www.france.tv/documentaires/politique/4911646-mali-la-guerre-perdue-contre-le-terrorisme.html
Nathalie Prévost est également l'auteur d'une série de podcasts, *Mali, histoire d'une crise*, sur RFI.

expliqué les motivations de son pays : « le plus important est de bâtir un partenariat avec la France », « elle nous soutient, nous la soutenons ». La démarche est identique à Bucarest, qui doit envoyer quelque 45 hommes en contrepartie d'un contingent français en Roumanie. Europe de la défense ou conglomérat d'intérêts particuliers ? Qui en doutait ?

Donc, après que Florence Parly a fait plusieurs fois le tour de toute l'Europe, seuls dix pays[38] acceptent d'envoyer des forces spéciales, et encore, pour certains c'est une contribution symbolique avec seulement une poignée de militaires. Les Belges se surpassent avec un seul officier. Le compte n'y est pas. Sur l'objectif initial de 2 000 forces spéciales européennes, seules 400 répondent à l'appel. Paris, qui après tant d'efforts, veut toujours y croire, met 400 militaires au pot. Ils seront donc 800, partagés entre Gao et leur quartier général de Ménaka situé dans la zone du fief de l'État islamique.

Après une année de retard en juin 2021, les premiers contingents tchèques et estoniens plantent le drapeau. C'est une victoire pour Emmanuel Macron et pour Florence Parly. L'Europe de la défense a gagné !

Très vite, certains contingents refusent de s'installer à Ménaka. Ils n'ont pas l'habitude de camper à la dure comme leurs frères d'armes français. Ils veulent une base aux normes OTAN. La ministre des Armées signe donc un contrat pour une durée de quatre ans avec une agence de l'Alliance. S'il faut un zeste de partenariat transatlantique pour que vive la défense

---

38. Liste des pays participants à Takuba : Belgique, Danemark, Estonie, Italie, Pays-Bas, Portugal, Roumanie, Suède, Tchéquie, Hongrie.

européenne, qu'à cela ne tienne ! Ladite agence, nommée NSPA, fournira les services logistiques à Takuba. Rien n'est laissé au hasard, de l'ingénierie au carburant, de la blanchisserie à la restauration, du repassage des treillis aux normes OTAN jusqu'à la climatisation et l'eau minérale.

Nathalie Prévost, qui a visité ce quartier général en janvier 2022, raconte : « Chaque contingent vivait dans son *compound*, à l'intérieur d'une emprise commune, les différentes nationalités ne se mélangeaient pas. Seuls les Français et les Italiens cohabitaient, et encore ce n'était pas toujours évident, les premiers râlaient, car les seconds avaient réglé la télévision sur la RAI ! » Comme chaque fois, ces forces multinationales sont confrontées à de multiples problèmes qui rendent ces opérations inextricables. Dans le jargon militaire sont évoqués « l'interopérabilité », les « *caveats* »[39], auxquels s'ajoutent les problèmes linguistiques, la langue de travail des Européens est l'anglais, les Maliens parlent français.

Qu'importe ces inconvénients puisque Takuba ne sera pas confrontée longtemps à ces désagréments. Après le coup d'État de mai 2021, les tensions entre la France et la junte malienne vont crescendo. Bamako se montre très ferme sur tout ce qui concerne les questions de souveraineté. Fin janvier, les Danois venaient juste d'achever leur camp[40], le plus beau et le plus neuf

---

39. Les caveats sont les restrictions imposées par chaque capitale sur l'emploi de leur force. Les réserves peuvent être de plusieurs ordres, règles d'engagement, territoriales, horaires, etc.
40. https://www.france24.com/fr/afrique/20220126-contingent-danois-de-takuba-les-partenaires-europ%C3%A9ens-r%C3%A9pondent-%C3%A0-la-junte-malienne

à l'intérieur de la base quand tout à coup ils sont obligés de tout démonter. Selon les autorités maliennes, cet État n'aurait pas demandé dans les formes l'autorisation de déploiement sur leur territoire. Cette affaire a donné lieu à d'intenses polémiques. Cependant, la junte avait raison, Copenhague n'avait pas reçu la lettre d'invitation avant de s'installer. Les Roumains qui, eux, attendaient sagement depuis des mois le fameux sésame ne poseront jamais un pied sur le sol malien. Quant aux Suédois, sentant la confusion s'installer, ils avaient déjà jeté l'éponge et annoncé quitter la mission dans l'année[41]. Dans la foulée du départ de Barkhane, en février 2022, l'acte de décès de Takuba est publié en dernière colonne et en petites lettres. Finalement, l'opération n'aura duré que quelques mois et la *task force* aura accompagné les forces maliennes au combat une poignée de fois. C'était pourtant la grande affaire du premier quinquennat.

L'Europe de la défense est-elle morte à Ménaka ? Mais non, les licornes ne meurent jamais ! D'ailleurs, de l'aveu même du président français, « l'esprit de Takuba va perdurer ».

En effet, si les Roumains ne sont jamais arrivés au Mali, le contingent français est, lui, bien arrivé en Roumanie, très en retard selon les premières prévisions, mais à point nommé selon l'actualité. Coup de chance, une fois n'est pas coutume, ils sont en place juste après le début de la guerre en Ukraine. Ce *timing* fort à propos fait la fierté d'Emmanuel Macron. Lors de ses vœux aux armées en 2024, il proclame : « Aucune armée au

41. https://www.francetvinfo.fr/monde/afrique/mali/la-ministre-francaise-de-la-defense-florence-parly-tente-de-convaincre-washington-de-rester-au-sahel_3801811.html

monde ne s'est déployée aussi massivement que nous quelques jours après février 2022. »[42] Il s'en était déjà félicité deux ans plus tôt devant les troupes de la base de l'OTAN à Constanta, « Vous avez, à cet égard, été les pionniers de ces déploiements. » Puis, il a ajouté, oubliant au passage que dans ce pays la France est nation-cadre d'une mission de l'Alliance : « C'est une fierté de la France d'être là, sur ce sol roumain aux avant-postes orientaux de l'Europe au moment où la guerre revient sur le continent. Ce que nous sommes en train de bâtir avec la Belgique est inédit. L'Europe de la défense se construit ici, dans ce partenariat et cette intimité. »

Takuba est mort au Mali, mais l'esprit de Takuba vit en Roumanie ! En tamasheq, la langue touareg, *Takuba* signifie l'épée qui protège l'honneur, un nom prédestiné.

____

42. https://www.elysee.fr/emmanuel-macron/2024/01/19/voeux-aux-ar-mees-du-president-emmanuel-macron-1#:~:text=Aucune%20autre%20ar-m%C3%A9e%20au%20monde,alli%C3%A9s%2C%20sur%20le%20front%20oriental

Partie II

Crises politiques et coups d'État

Chapitre VI
Mali : la diplomatie du mégaphone et l'arrivée de l'Ours

Pour comprendre la genèse du coup d'État au Mali, il faut revenir en arrière[43]. Depuis l'élection présidentielle de 2018, le Mali vit dans un état de crise permanent. Après avoir repoussé les législatives par trois fois, Ibrahim Boubacar Keïta décide de les organiser en mars et avril 2020, alors que l'état sécuritaire du pays ne le permet pas. En prime, le 25 mars, quatre jours avant le premier tour, le chef de file de l'opposition Soumaïla Cissé est enlevé par la katiba Macina, un événement inédit. Mais le président malien s'entête arguant que ce scrutin est fondamental pour mettre en œuvre l'accord d'Alger signé en 2015, alors que ledit accord n'a pas fait un pas en avant depuis lors.

Les résultats ne convenant pas au parti au pouvoir, la Cour constitutionnelle repêche dix candidats du parti présidentiel. Ibrahim Boubacar Keïta a-t-il cru que la manœuvre allait passer

---

43. Voir annexe Mali.

une nouvelle fois ? La communauté internationale se tait. Les Maliens, eux, ne supportent pas cette nouvelle humiliation et ravivent la braise qui couve depuis 2018. Une coalition est créée, le M5-RPF, elle est menée par un attelage hétéroclite dans lequel se retrouvent des hommes politiques et de la société civile de tous bords. Entre toutes ces personnalités, il n'y a aucune convergence politique ni idéologique, un seul mot d'ordre les unit : « IBK, démission ! » Le leader de cet aréopage est une figure de la politique malienne, l'imam Mahmoud Dicko. Certains observateurs, surtout en France, le classent dans la case salafiste, alors que l'homme est, en réalité, beaucoup plus complexe et nuancé. Il avait, par ailleurs, contribué à la victoire d'Ibrahim Boubacar Keïta lors de l'élection présidentielle de 2013, avant de le contester. C'est un personnage charismatique qui, à l'époque, déplace les foules. Les autres mouvements se rangent derrière lui en espérant bénéficier de sa popularité et de sa force de frappe. Pour autant, les Maliens ne défilent ni au nom de Dieu ni de la charia, ils veulent vivre tout simplement : manger, se soigner, envoyer leurs enfants à l'école, avoir de l'eau et de l'électricité, et ne plus se coucher en se demandant si le lendemain ils seront encore vivants. Ils veulent moins de corruption et plus de démocratie. Des demandes, pour le moins, raisonnables. À cela s'ajoute le grand malaise de l'armée, sous-équipée, mal gouvernée, exténuée par huit années de guerre, traumatisée en raison des chocs psychologiques et de la perte de nombreux frères d'armes. Ibrahim Boubacar Keïta a perdu la main, mal conseillé par son entourage, surtout par son fils Karim, il réagit toujours à contretemps, trop peu, trop tard. Les manifestations se succèdent.

C'est donc un président malien très affaibli sur la scène intérieure qui se rend à un nouveau sommet du G5 Sahel, ce 30 juin 2020, à Nouakchott. Il bénéficie néanmoins du soutien de ses homologues. Il n'a plus rencontré Emmanuel Macron depuis la convocation de Pau. La réunion se déroule dans un climat très tendu. Le locataire de l'Élysée lui reproche en des termes vifs de laisser pourrir la situation dans son pays[44]. Du côté d'Ibrahim Boubakar Keïta, les divergences portent à la fois sur le fond et sur la forme. Sur le fond, il veut avoir les mains libres pour négocier avec Iyad Ghali, qui aurait la capacité de réunir les Touareg et qui s'oppose à une partition du pays. Sur la forme, il est ulcéré par le ton discourtois et autoritaire employé par le président français. Selon un proche du chef de l'État malien à qui il a rapporté la scène, en tant que doyen de cette assemblée, il se sent obligé de prendre la parole pour défendre ses pairs mis en cause de façon inappropriée. Il tutoie Emmanuel Macron en lui disant qu'il a l'âge d'être son fils. Puis, il lui fait part de ses années passées au lycée Janson de Sailly, à l'université de la Sorbonne, de ses expériences, une manière de rappeler au jeune homme qu'il n'a pas en face de lui des oiseaux tombés du nid.

De retour à Bamako, Ibrahim Boubacar Keïta affronte de nouveau la colère populaire. Entre le 10 et le 13 juillet, les manifestations dégénèrent et l'armée tire sur des manifestants devant la mosquée de l'imam Dicko, dans le quartier de Badalabougou. Bilan : 14 morts, 40 blessés. À partir de cet instant, le temps du président est compté.

---

44. https://www.lejdd.fr/International/sahel-dans-les-coulisses-du-huis-clos-tendu-du-g5-de-nouakchott-3979047

Un mois plus tard, le 18 août, le chef de l'État et son gouvernement sont balayés en quelques heures. Les jours de coups d'État en Afrique de l'Ouest se déroulent toujours selon le même scénario. Tôt le matin, les messageries privées crépitent, elles font état de coups de feu, elles signalent l'armée ici ou là. Que se passe-t-il ? La situation est confuse, il faut attendre pour en savoir davantage. Le téléphone greffé au bras, au fil des heures et des échanges, l'image devient un peu plus précise, elle s'affinera les jours suivants. Au bout de 24 ou 48 h, rarement plus, arrive la rituelle déclaration des putschistes avec son petit côté vintage, tous en uniforme, ils prononcent la suspension de la Constitution et la dissolution des institutions. Ils annoncent ensuite la création d'un comité, d'un rassemblement pour l'unité du peuple, la défense de la patrie, etc., avec son l'acronyme CNSP, CNRD, CMT, etc., qui deviendra l'organe de la transition.

Le putsch du 20 août, le premier d'une série de huit dans la région, a suivi ce scénario à la lettre. Il a, en outre, été mené avec une précision d'horloger. Aux environs de huit heures du matin, une mutinerie éclate au camp militaire de Kati ; une heure plus tard, la valse des arrestations des personnalités politiques débute par celle du ministre des Finances, suivie de nombreuses autres, dont celle du très contesté président de l'Assemblée nationale. Au même moment, des généraux sont arrêtés et des protestataires se rendent au domicile du chef de l'État. À 17 h, ils viennent le cueillir ainsi que son Premier ministre, Boubou Cissé, réfugié chez lui. La troupe se dirige ensuite vers le camp militaire de Kati. En sept heures chrono, tout est bouclé sans un mort ou un blessé à déplorer. Aux environs de minuit, Ibrahim Boubacar Keïta s'exprime devant les caméras de la télévision publique et annonce sa démission.

Dans l'après-midi, les manifestants se sont rassemblés sur le boulevard de l'Indépendance, les colonels ont été ovationnés. Le peuple savoure sa victoire en pensant que les militaires sont venus mettre un terme à la longue crise politique et sécuritaire. En fin de soirée, je demande à un ami malien ce qu'il pense de la situation «Oh, tu sais», dit-il, songeur «Je me méfie, nos sauveurs peuvent devenir nos bourreaux. » Visionnaire ?

Ce déroulé minutieux, efficace et rapide n'est pas sans poser un certain nombre de questions dans une capitale quadrillée par des forces étrangères. La Minusma est au Mali à la demande expresse des autorités de ce pays. Une de ses principales missions, avec la protection des civils, consiste à rétablir «l'autorité de l'État dans tout le pays», donc à garantir la sécurité des institutions, celle du chef de l'État et des membres du gouvernement. Pourquoi n'a-t-elle pas protégé le domicile d'Ibrahim Boubacar Keïta dès le début des événements alors qu'elle dispose d'une force d'intervention rapide constituée de forces spéciales sénégalaises ? Un fonctionnaire des Nations unies, en poste dans le pays, m'expliquera plus tard que la mission de maintien de la paix est une machine très lourde avec des règles d'engagement complexes qui la rendent très lente à agir, même avec une force d'intervention rapide ! L'argument convainc tous les Maliens ont pu le constater, le déplorer, y compris dans les pires moments du conflit, comme lors des massacres perpétrés par les chasseurs traditionnels dozos à Ogossagou.

Autre question et non des moindres, pourquoi les services de renseignement de toutes les forces étrangères, et bien sûr ceux de la France puisqu'au Mali coexistaient la direction générale de la Sécurité extérieure (DGSE) et la direction du Renseignement militaire (DRM) n'ont-ils rien anticipé ? Pourquoi les grandes oreilles sont-elles restées sourdes alors que la situation politique ne cessait de se dégrader ? La liste des réponses possibles est longue, mais elle peut aussi se résumer en quelques mots : la perte de connaissance et de capteurs de terrain ; le recrutement et le turnover des agents ; tous les dysfonctionnements internes à ces « boîtes » et la priorité mise sur le contre-terrorisme. Il est aussi possible que certains, plus fins limiers que d'autres aient vu venir et prévenu et qu'ils n'aient pas été entendus. Les dirigeants n'écoutent souvent que ce qu'ils veulent entendre. Un ami de trente ans d'Ibrahim Boubacar Keïta ne croit pas à cette version et continue de penser qu'a minima les services ont laissé faire. C'est une possibilité, sauf que la colère d'Emmanuel Macron[45] envers « ses » services ne semble pourtant pas feinte. Son courroux fuite opportunément dans la presse, ce qui est assez rare, habituellement ce genre de cafouillages se règle dans un théâtre d'ombres.

Ce qui est avéré en revanche, c'est « l'enterrement » sans fleurs ni couronnes d'Ibrahim Boubacar Keïta dès les premières heures du putsch. Le communiqué publié le lendemain par Jean-Yves Le Drian est, à ce titre, sans ambiguïté : « La France se

---

45. https://www.intelligenceonline.fr/renseignement-d-etat/2021/04/19/coup-d-etat-au-mali--l-elysee-inquiet-de-l-absence-d-anticipation-de-la-dgse-et-de-la-drm,109658340-art

tient, comme elle l'a toujours fait, aux côtés du peuple malien. Elle s'est engagée, à la demande de ce pays, en poursuivant deux priorités : l'intérêt du peuple malien et la lutte contre le terrorisme. »[46] Les Nations unies, l'Union africaine, l'Union européenne suivent Paris, pas un ne réclame le retour au pouvoir du « président démocratiquement élu », selon la formule consacrée. En chœur, ils se contentent du service minimum : condamnation et libération du chef de l'État. La Maison-Blanche se gratte la tête, faut-il reconnaître le putsch, ce qui l'obligerait à suspendre toute collaboration avec le Mali ? L'inénarrable Peter Pham[47], récemment nommé envoyé spécial au Sahel par l'administration Trump, réfléchit à haute voix : « Par rapport à ce qui s'est passé au Mali, nous sommes en train d'analyser les normes juridiques pour déterminer si oui ou non on peut qualifier cela de coup d'État ». Les Américains sont d'autant plus embarrassés que l'un des cinq protagonistes du coup, Assimi Goïta, a suivi des formations à la base aérienne de McDill en Floride et a participé aux exercices Flintlock, des manœuvres militaires annuelles pour renforcer les armées africaines dans la lutte contre le terrorisme. Au fil des coups d'État, cette affaire de putschistes perfectionnés par l'oncle Sam deviendra un marronnier dans la presse d'outre-Atlantique. Il n'y a pourtant aucune corrélation entre ces putschs

---

46. https://cn.ambafrance.org/Mali-Declaration-de-M-Jean-Yves-Le-Drian-19-aout-2020
47. Peter Pham est bien connu de tous ceux qui suivent la politique africaine. Il a œuvré au Soudan, en RDC notamment, où il a prôné le démembrement de ces États. Réputé pour être une personnalité clivante, il a été vice-président de l'Atlantic Council et conseillé du commandement des États-Unis pour l'Afrique, l'AFRICOM, de 2007 à 2013.

et ces formations puisque presque tous les officiers participent un jour ou l'autre à ces entraînements. En revanche, ces exercices favorisent les liens entre militaires d'Afrique de l'Ouest, l'axe des treillis peut s'avérer fort utile...

Après de longues tractations avec la CEDEAO, la junte au pouvoir, réunie sous l'appellation Comité national pour le salut du peuple (CNSP), est obligée de nommer un président civil. Le *Wall Street journal* relate qu'à cette époque, de hauts responsables américains s'étaient rendus à Paris pour une discrète réunion avec leurs homologues français[48]. Ces derniers leur avaient présenté une liste de trois personnalités pour succéder à Ibrahim Boubacar Keïta, en laissant entendre qu'ils avaient les moyens de mettre en place un gouvernement civil. Ils demandaient, en outre, le soutien de Washington à ces prétendants lors des négociations avec les militaires au pouvoir. Aucun des noms proposés par l'Élysée n'a été adopté. La junte a tout simplement décliné l'offre et choisi un colonel à la retraite, Bah Ndaw, éphémère ministre de la Défense sous le premier mandat d'Ibrahim Boubacar Keïta, retiré depuis de la vie publique. Sans charisme ni surface politique, il n'a pas laissé un souvenir impérissable à ses compatriotes. Le jour de sa nomination, un de ses homologues de la même génération me confiera : « Il n'est pas fiable. C'est la pire des choses qui puisse arriver au Mali ». Le Premier ministre, Moctar Ouane, ancien ministre des Affaires étrangères a, lui, le profil d'un serviteur de l'État. Si les cinq colonels ont fait mine de céder aux injonctions de l'organisation ouest-africaine,

---

48. https://www.wsj.com/world/africa/france-macron-africa-sahel-terrorism-27d037ab

ils ont gardé, en réalité, tous les leviers du pouvoir. Assimi Goïta s'est octroyé un poste sur mesure de vice-président, qui n'existe pourtant pas dans la Constitution malienne. Ils ont nommé onze militaires aux postes de gouverneurs, sur les dix-sept que compte le Mali. Lors de ces négociations, ils ont obtenu un délai de 18 mois pour organiser de nouvelles élections présidentielles et législatives. La rédaction et la publication en octobre 2020 de la charte de la transition sont des farces démocratiques. Le Conseil national de transition (CNT), chargé de voter les lois en lieu et place des députés, est constitué de personnalités nommées par les militaires. Les putschistes s'octroient tous les postes stratégiques : Défense, Sécurité, Administration territoriale, un ministère chargé d'organiser les futures élections prévues en février 2022.

Néanmoins, la France est bien décidée à accompagner les nouvelles autorités maliennes. Fin octobre, Jean-Yves Le Drian s'invite à Bamako. Au menu de la visite, coopération militaire, développement avec une enveloppe de 140 millions d'euros, mais aussi rappel des lignes rouges : pas de négociations avec les groupes djihadistes[49]. La CEDEAO a levé les sanctions émises après le coup d'État, Takuba est toujours dans les tuyaux, la force G5 Sahel aussi. Barkhane et les forces armées maliennes collaborent en harmonie, « Il faut offrir des victoires militaires aux FAMA », dit le général Lecointre[50]. Tout va bien dans le meilleur des mondes.

---

49. https://www.lepoint.fr/afrique/les-enjeux-de-la-visite-de-jean-yves-le-drian-au-mali-25-10-2020-2397926_3826.php
50. *Ibid.*

Cette lune de miel dure de longs mois, jusqu'en mai 2021. Le 14, le Premier ministre, Moctar Ouane, présente sa démission, il est immédiatement reconduit par le président Bah Ndaw qui le charge de former un nouveau gouvernement. Entretemps, le président malien est convié à Paris pour un tête-à-tête avec Emmanuel Macron et pour participer à un grand sommet organisé par l'Élysée afin de relancer l'économie africaine après la pandémie. La cérémonie se déroule dans le Grand Palais éphémère, un adjectif prémonitoire quant aux conclusions de la réunion. Le franc CFA, devenu sujet tabou depuis l'anniversaire à Abidjan, ne sera pas de la fête. Toute la planète financière est conviée, FMI, Banque mondiale, BAD, etc., aux côtés de 21 chefs d'État africains. Au début des festivités, les mots claquent : « urgence », « ambition », « *new deal* ». À la fin, le ton est à l'humilité, c'est un « changement d'état d'esprit », un « début », en attendant le prochain raout planétaire[51].

Quatre jours après le retour à Bamako de Bah Ndaw, le lundi 24 mai 2021, Moctar Ouane annonce le remaniement. Coup de théâtre, deux colonels acteurs majeurs du coup d'État ne sont pas reconduits. Le chef de l'État malien, soutenu par Paris, a cru pouvoir s'émanciper de ceux qui l'avaient fait roi. Colère d'Assimi Goïta et de ses amis qui, illico, démettent le président et le Premier ministre de leurs fonctions et les emmènent manu militari au camp militaire de Kati. Ils seront libérés quelques jours

---

51. https://www.jeuneafrique.com/1174278/politique/new-deal-dts-dettes-et-vaccins-ce-quil-faut-retenir-du-sommet-sur-le-financement-des-economies-africaines/

plus tard, plus personne n'entendra parler d'eux. Les Maliens, parfaitement insensibles à leur sort, ne manifestent aucun signe d'empathie. Cette indifférence à leur égard est à l'image de leur bilan des huit derniers mois. Le 26 mai, la Cour constitutionnelle, constatant la vacance du pouvoir, rend un arrêt qui valide le remplacement du président de la transition par Assimi Goïta.

Comment expliquer ce que les contempteurs de la junte appellent un « coup dans le coup » et leurs louangeurs une « rectification de la transition » ? Les services français, qui ne sont pas toujours déficients, savent que Modibo Koné et Sadio Camara, les ministres de la Sécurité et de la Défense qui auraient dû être évincés, ont des liens avec Moscou. D'ailleurs, Sadio Camara suivait une formation de trois ans en Russie depuis 2019. En août 2020, il est revenu promptement et fort opportunément au pays. Cette proximité déplaît et inquiète l'Élysée, le Quai d'Orsay et les armées. Cette crainte n'est pas nouvelle. Depuis son indépendance, le Mali a toujours eu des liens avec la Russie, achats d'équipements, envoi d'instructeurs, formation des soldats. Mais en juillet 2019, Ibrahim Boubacar Keïta avait signé un nouvel accord de coopération militaire avec le Kremlin, comme d'autres Sahéliens d'ailleurs, le Tchad d'Idriss Déby et même le Niger de Mahamadou Issoufou, fidèle allié de la France. Il y avait eu aussi les déclarations faites lors du Sommet de Sotchi. C'est à cette époque qu'étaient nées les premières appréhensions sur une implication des Russes au Sahel.

Le projet consiste donc à exfiltrer le duo du gouvernement malien. Bah Ndaw s'est entretenu avec Emmanuel Macron en janvier et en mai, juste après son retour de Paris, le nouveau gouvernement est annoncé. Cela confirme aux autorités maliennes ce qu'elles subodoraient déjà : le remaniement s'est organisé à Paris. Au passage, tous les protagonistes de ce plan se sont trompés en croyant possible de désolidariser les colonels. Quelles que soient ses divergences, le club des cinq a compris très vite que sa survie et sa longévité au pouvoir tenaient au fil de son unité.

En annihilant les desseins de l'exécutif français, la junte le désavoue pour la deuxième fois. Ce « coup dans le coup » est de trop, il déclenche l'ire et les foudres d'Emmanuel Macron. Dès le lendemain, Jean-Yves Le Drian menace les colonels de sanctions ciblées. La France demande une réunion immédiate au Conseil de sécurité. Celle-ci se solde par un échec probablement dû aux nombreuses dissensions sur ce dossier. En tout état de cause, Paris n'obtient pas la résolution souhaitée et perd donc une première manche aux Nations unies.

Le 30 mai, dans l'avion qui ramène le président français d'un voyage officiel en Afrique du Sud, il se confie au *JDD*. Dans cet entretien fourre-tout, où tous les sujets sont traités, économie, immigration, gouvernance, une phrase fait l'effet d'une torpille : « [...] je ne resterai pas aux côtés d'un pays où il n'y a plus de légitimité démocratique ni de transition »[52]. Il ajoute « l'islamisme radical au Mali avec nos soldats sur place ? Jamais de la vie ! Il y a aujourd'hui cette tentation au Mali. Mais si cela va dans ce sens, je me retirerai. » Étrangement et subitement, le président découvre l'absence de « légitimité démocratique »

---

52. https://www.lejdd.fr/Politique/exclusif-immigration-terrorisme-colonisation-les-confidences-de-macron-en-afrique-4048401

de la junte. Elle n'en a jamais eu. La juxtaposition de ces mots « légitime » et « démocratie » tombe d'autant plus mal que trois semaines plus tôt, à Ndjamena, il adoubait la prise de pouvoir anticonstitutionnelle de Mahamat Idriss Déby. Et pourquoi faire référence à l'islamisme radical à ce moment précis ? À aucun moment, les colonels n'ont montré une volonté de négocier avec les djihadistes. S'il pense à l'imam Dicko, cela prouve une fois encore la méconnaissance de la société malienne qui, certes, est complexe. La diabolisation de ce religieux est d'autant plus incompréhensible qu'il ne s'est jamais positionné comme « anti-français ». À moins que ce ne soit un prétexte pour justifier un désengagement...

Puis, s'exprimant à la première personne du singulier, Emmanuel Macron menace de retirer « ses » soldats. C'est une surprise et un coup dur pour le général Lecointre. À l'époque, les deux armées collaboraient si bien qu'un officier malien m'avait confié avoir parfois l'impression d'être un supplétif de Barkhane ! C'est aussi une épine dans le pied de Florence Parly qui, à cette époque, s'acharne toujours à essayer de rallier les partenaires dans Takuba. Ces petites phrases provoquent un tollé, mais la calebasse s'est déjà brisée...

C'est également une mise en garde à la CEDEAO, qui se réunit à Accra le jour de la parution du *JDD*. Dans le camp des durs, Emmanuel Macron peut compter sur Alassane Ouattara, toujours prêt à dégainer toute la panoplie des sanctions, et sur Mohamed Bazoum qui vient de succéder à Mahamadou Issoufou à la tête de l'État nigérien. La junte malienne le sait et elle est préparée. Avant la réunion, Assimi Goïta a été reçu par le président en exercice de l'organisation ouest-africaine, le Ghanéen Nana Akufo Ado, un anglophone moins susceptible de céder aux pressions françaises. Quels arguments a-t-il développés ? Les colonels avaient-il enregistré des conversations avec l'exécutif français ? Ont-ils intercepté des messages entre Emmanuel Macron et Bah Ndaw ? L'histoire ne le dit pas, en revanche, il est certain que le chef de la junte a produit des preuves qui ont convaincu son interlocuteur de l'ingérence française. À la fin de cette réunion à huis clos des chefs d'État, le miracle se produit : le Mali est suspendu de la CEDEAO, mais n'écope d'aucune sanction. Mieux, contrairement aux exigences de l'Élysée, il n'est plus question de passation de pouvoir à un civil, Assimi Goïta reste président de la transition. Emmanuel Macron vient de perdre la deuxième manche et son bras de fer avec la junte.

À partir de ce moment, les relations entre la France et le Mali ne seront plus qu'une longue suite d'actions-réactions, de surenchères, de démesure, d'hubris...

Le 3 juin, quatre jours après la réunion de la CEDEAO, Emmanuel Macron annonce la suspension des activités de Barkhane au Mali et la fermeture de trois bases, celles de Tessalit, Kidal et Tombouctou[53]. Surprise générale... Tout laisse à penser que le chef de l'État a pris cette décision seul et dans l'urgence. Le *Canard enchaîné* le confirme d'ailleurs. Dix jours plus tard, le chef d'état-major, le général Lecointre, décide de ne pas poursuivre l'aventure, il avoue que le président a souhaité qu'il reste.

---

53. https://www.rfi.fr/fr/podcasts/revue-de-presse-fran%C3%A7aise/20210710-%C3%A0-la-une-emmanuel-macron-annonce-la-fermeture-de-trois-bases-militaires-dans-le-nord-mali

Pour autant, en bon représentant de la grande muette, il n'en dira pas plus, sauf cette petite phrase lancée au détour d'une interview où il déplore « la méconnaissance du cœur des armées par l'ensemble de la classe politique »[54]. Ni le Mali principal concerné ni les autres partenaires, Minusma, Force G5, Takuba, n'ont été consultés. Ils dépendent pourtant de l'armée française pour leurs opérations. Les Américains implorés à maintes reprises pour qu'ils poursuivent leur aide sont les premiers à réagir. Le porte-parole du Pentagone, John Kirby déclare : « Nous continuerons à contribuer au renforcement des capacités de nos partenaires en Afrique [...] Nous continuerons à fournir un certain soutien, du genre de celui que nous apportons aux Français selon leurs besoins dans la région. »[55] Sous le vernis diplomatique, une réponse blessante, qui ne fait allusion à la France qu'incidemment et pourrait se traduire par « De toute façon, les Français ne fonctionnaient qu'avec notre soutien. S'ils partent, nous restons, nous nous sommes des alliés fiables ! »

À ce désordre, ces embrouillaminis, ces intrigues, auxquels acteurs comme observateurs assistent éberlués, s'ajoutent les rumeurs d'une probable arrivée des mercenaires de Wagner. L'interminable feuilleton dure des mois, de l'été 2021 jusqu'à décembre de la même année. Les journalistes se passionnent pour les histoires de barbouzes. Ils remettent des pièces dans la machine à intervalles réguliers et traquent les blonds aux yeux bleus dans les rues de Bamako. Ils sont passés par ici, ils

---

54. https://twitter.com/LeGrandJury/status/1404023615906004995
55. https://www.lefigaro.fr/flash-actu/fin-de-l-operation-barkhane-le-penta-gone-maintiendra-son-soutien-20210611

repasseront par là... Longtemps, le nouveau Premier ministre malien, Choguel Maïga, et son ministre des Affaires étrangères, Abdoulaye Diop, démentent puis ils finissent par évoquer la présence « d'instructeurs russes ».

Cette affaire de mercenaires prend des proportions déraisonnables. D'autant que de la Yougoslavie à l'Afghanistan en passant par l'Irak, les pays occidentaux ont toujours travaillé avec des sociétés militaires privées qui n'ont jamais obtenu de brevet de vertu en matière de droits de l'homme. Mieux, en Libye depuis 2018, le maréchal Haftar s'est adjoint les services de Wagner. Sous la présidence Hollande, la politique de la France dans l'ancienne Jamahiriya s'avérait difficilement lisible. Les deux ministres du Quai d'Orsay et de la Défense ne faisaient pas bon ménage. Ils impulsaient des lignes divergentes, sur de nombreux dossiers[56]. Laurent Fabius soutenait le gouvernement de Tripoli reconnu par la communauté internationale pendant que Jean-Yves Le Drian appuyait de tout son poids le camp rival du maréchal. Ce dernier ayant changé de costume sous le premier quinquennat d'Emmanuel Macron, l'alliance avec l'homme fort de l'Est libyen s'est renforcée, même si des rééquilibrages ont été tentés à intervalles réguliers[57]. En Libye, la présence des mercenaires russes n'a jamais gêné, jamais été décriée ; ils étaient d'ailleurs rémunérés par les Émirats arabes unis, grands alliés de Paris.

---

56. https://mondafrique.com/a-la-une/centrafrique-la-promesse-trahie-de-francois-hollande-a-touadera/
57. Il y a eu un grand sommet à Paris en mai 2018, sous l'égide des Nations unies, qui a réuni tous les acteurs libyens. Une grande conférence internationale co-organisée avec l'Italie, l'Allemagne et la Libye s'est également tenue en novembre 2021.

Ambiance différente dans le Sahel où la crainte de voir Moscou s'impliquer dans la région fait flotter une atmosphère d'hystérie collective. Le mot diplomatie disparaît du vocabulaire entre Bamako et Paris. À la tribune des Nations unies, le nouveau Premier ministre malien, Choguel Maïga, n'y va pas par quatre chemins et reproche à la France «d'abandonner le Mali en plein vol»[58]. Florence Parly, d'ordinaire plus mesurée, réplique : «Mauvaise foi», «Hypocrisie», «Indécence». Emmanuel Macron l'accuse d'être «un enfant de deux coups d'État». Jean-Yves Le Drian fustige une «junte illégitime et irresponsable». Le monde assiste, médusé, à ces empoignades. L'émotion l'a emporté sur la raison d'État.

Alors que les tensions sont à leur maximum, le président français décide de se rendre à Bamako, le 20 décembre 2021, pour passer Noël avec les troupes à Gao et rencontrer Assimi Goïta. Un voyage sous haute pression, préparé par Franck Paris, *missi dominici* chargé de faire accepter les conditions de l'Élysée aux autorités maliennes. Pas question pour Emmanuel Macron de se rendre au palais de Koulouba. Ce déplacement serait interprété comme une reconnaissance de la junte au pouvoir. Il rencontrera son homologue dans les salons d'honneur de l'aéroport et il sera accompagné par trois chefs d'État d'Afrique de l'Ouest, Alassane Ouattara, Macky Sall et Patrice Talon. Le chef de la transition acceptera-t-il d'être convoqué dans l'aéroport de son propre pays, seul face à quatre de ses pairs ? Évidemment

____

58. https://www.lemonde.fr/afrique/article/2021/09/26/le-mali-reproche-a-la-france-un-abandon-en-plein-vol-dans-la-lutte-antidjihadiste-au-sahel_6096029_3212.html#:~:text=Le%20premier%20ministre%20du%20Mali,'Afrique%20de%20l'Ouest.

non, selon un conseiller du Premier ministre malien, Assimi Goïta était prêt à rencontrer Emmanuel Macron pour calmer les tensions diplomatiques entre les deux États, mais pas dans ces conditions-là. Chacune des parties restant sur ses positions, les négociations n'aboutissent pas. Deux jours avant la date fixée, le déplacement fut annulé. Pour sauver la face et permettre au chef de l'État de ne pas manquer le traditionnel réveillon avec les soldats, les équipes de l'Élysée ont cherché à bivouaquer auprès des forces spéciales basées au Burkina Faso. Refus de Roch Marc Christian Kaboré, qui explique alors ne pas pouvoir organiser une visite dans un laps de temps si court[59]. La crise sanitaire a offert sur un plateau le prétexte officiel pour justifier ce rendez-vous manqué. Fin de cette prodigieuse séquence...

Les premiers hommes de Wagner posent le pied à Bamako quelques jours plus tard. Le 9 janvier 2022 à Accra, la CEDEAO fait volte-face, sous prétexte d'imposer un calendrier électoral, elle châtie le Mali en raison de l'arrivée des mercenaires. Elle assomme le pays avec des sanctions sévères jamais vues depuis celles émises contre la Côte d'Ivoire en 2010. La France, l'Union européenne et les États-Unis s'empressent d'endosser ces mesures draconiennes dans un pays groggy par presque dix années de guerre. Ulcérées par les admonestations contre la junte et les punitions qui leur sont infligées, de gigantesques manifestations en soutien aux autorités maliennes ont lieu dans tout le pays. Elles en profitent pour jouer le triptyque gagnant dans l'atmosphère du moment: «respect, dignité, souveraineté».

---

59. https://www.jeuneafrique.com/1283332/politique/pourquoi-emmanuel-macron-annule-son-voyage-au-mali/

CEDEAO et Occidentaux leur offrent sur un plateau une légitimité populaire qui leur a fait défaut avant le « coup dans le coup ». La gloire des colonels combattants valeureux contre « l'impérialisme » et le néocolonialisme, relayée à profusion par la galaxie des panafricanistes, s'étend à toute l'Afrique francophone. La France persévère. Le 11 janvier 2022, elle propose une résolution au Conseil de sécurité pour soutenir lesdites sanctions, le texte est bloqué par les Russes et les Chinois[60]. Et voilà comment le Mali est entré de plain-pied dans la guerre froide 2.0! Les colonels n'en demandaient pas tant. Lorsqu'ils entament des pourparlers avec Wagner, à l'été 2021, ce n'est pas par conviction politique, intérêt économique ou volonté de jouer subtilement un rapport de forces entre puissances. Ils souhaitent seulement garantir leur survie en se protégeant d'une déstabilisation en provenance de l'ancienne puissance coloniale et prolonger leur pouvoir *ad vitam aeternam*. Ils ne sont ni outillés ni désireux d'essuyer les plâtres d'un nouveau monde multipolaire.

Le paradoxe de la diabolisation de l'Ours consiste à lui prêter des plans machiavéliques où il aurait toujours dix coups d'avance, alors qu'il se contente de saisir les opportunités. Certes, le retour de la Russie en Afrique, à partir de la fin 2016, correspond à une réelle volonté politique pour renforcer son influence sur la scène internationale, mais il s'est réalisé de manière anarchique, sans stratégie géographique ou sectorielle[61]. L'occasion a fait le larron.

---

60. https://www.lepoint.fr/afrique/mali-russie-et-chine-bloquent-a-l-onu-un-texte-soutenant-les-sanctions-de-la-cedeao-12-01-2022-2460174_3826.php
61. https://www.iveris.eu/list/notes/363-la_russie_opere_un_retour_specta-culaire_en_afrique_subsaharienne

Au départ, la coopération entre les autorités maliennes et Wagner s'est donc opérée sur une base purement commerciale, environ 15 millions de dollars par mois pour un millier d'hommes. L'État russe n'est nullement impliqué dans l'affaire, d'autant que le patron de la société de mercenaires, Evgueni Prigojine entretient depuis 2018 des relations à couteaux tirés avec le ministre de la Défense, Serguéï Choïgou[62].

En outre, lorsque les négociations commencent entre Wagner et la junte, le Kremlin est toujours engagé sur le difficile théâtre syrien ; les tensions dans le Donbass augmentent. Vladimir Poutine n'a aucune envie de mettre une botte dans le bourbier sahélien, ce n'est pas inscrit à son agenda, il n'a ni le désir ni les moyens d'ouvrir un nouveau front, comme me le confirme un diplomate. Moscou est de plus en plus préoccupé par l'extension de l'OTAN à l'Est. La rencontre Joe Biden-Vladimir Poutine, à la demande de ce dernier, qui s'est tenue en juin 2021 à Genève en atteste. Il s'agissait précisément pour la Russie d'obtenir des garanties de sécurité collective que la Maison-Blanche a balayées d'un revers de main...

Les invectives, les réactions émotionnelles disproportionnées, les sanctions prises par l'Union européenne à l'encontre de Wagner ont poussé le Kremlin à s'investir au Sahel plus qu'il ne le souhaitait. Il y a des moments dans l'existence des nations où des actes, fussent-ils mineurs, changent le cours de l'histoire.

---

62. Les deux hommes se sont fâchés après la mort, en février 2018, de plusieurs centaines de mercenaires de Wagner en Syrie, dans la région de Deir Ezzor.

Chapitre VII
Tchad : le sparadrap du président

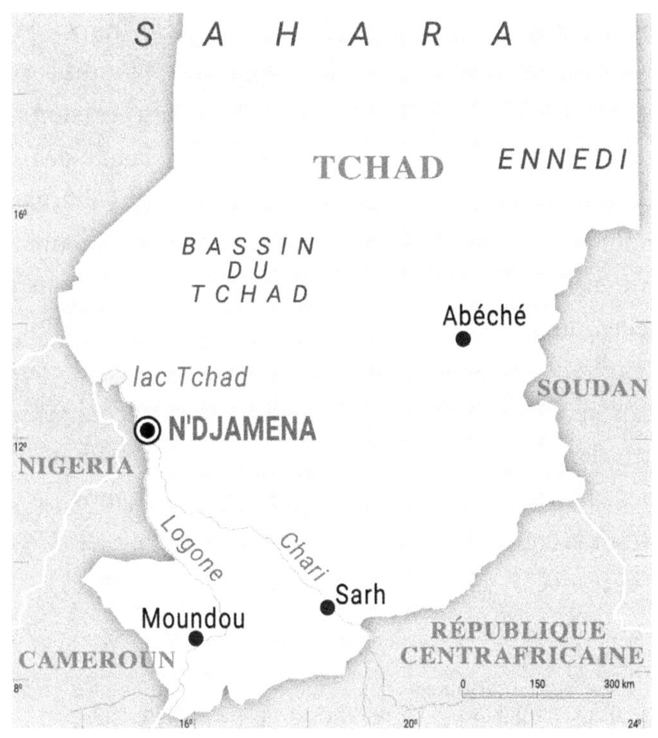

Dans la vie politique, il y a forcément des séquences où la phrase de Jacques Chirac, « Les emmerdes, ça vole toujours en escadrille », vient immédiatement à l'esprit. Emmanuel Macron s'est-il remémoré cette sentence, le 19 avril 2021, lorsque le président tchadien meurt en plein cœur des intrigues maliennes ? La rumeur donnait le maréchal Idriss Déby Itno gravement malade et beaucoup prédisaient sa fin depuis tant d'années que plus personne n'y croyait. Sa disparition brutale a pris tout le monde de court et créé une onde de choc de l'Afrique de l'Ouest à l'Afrique centrale. Ironie du sort, il quitte la scène au lendemain de sa « brillante » réélection, 79,32 % de suffrages, pour un sixième mandat consécutif[63].

Comment a-t-il perdu la vie ? Sa mort fait partie de ces dossiers où la version officielle ne convainc pas, mais où toutes les tentatives d'investigation tournent court. Selon cette version, Idriss Déby quitte Ndjamena le 17 avril pour prendre la tête des opérations contre les rebelles tchadiens du Front pour l'alternance et la concorde au Tchad (FACT). Partis de Libye, ces combattants, qui avaient lancé leur offensive juste après les élections présidentielles du 11 avril, se trouvaient à quelque 300 kilomètres de la capitale. Le lendemain, l'armée les affronte. Au cours des combats, le 18 au soir ou le 19 au matin, le maréchal est blessé, il meurt dans l'hélicoptère qui le ramène à la présidence[64]. Des proches d'Idriss Déby affirment, eux, qu'il est mort le 19 au matin, sur le coup, et non dans l'hélicoptère, jetant ainsi le doute sur la narrative officielle.

---

63. Voir annexe Tchad
64. https://www.rfi.fr/fr/afrique/20210720-tchad-trois-mois-plus-tard-ce-que-l-on-sait-de-la-mort-du-pr%C3%A9sident-idriss-d%C3%A9by-itno

Que le président enfile son treillis pour aller remobiliser ses troupes n'est guère étonnant. Par le passé, celui qui disait être resté un soldat l'avait déjà fait[65]. C'est d'ailleurs, après être allé guerroyer contre les djihadistes de Boko Haram, dans la région du lac Tchad en août 2020, qu'il s'était octroyé le titre de maréchal[66]. Qu'il parte sur le champ de bataille au moment où les résultats de l'élection présidentielle s'apprêtent à être annoncés n'est pas plus surprenant. Il n'avait aucune inquiétude, il en connaissait d'avance les résultats. Pour autant, est-ce qu'il est crédible qu'il se soit approché si près de la ligne de front et que Barkhane, qui surveille l'avancée des rebelles par les airs, n'ait rien vu ? D'autres sources avancent qu'il aurait été victime d'une fusillade entre généraux de son camp, mais aucune preuve n'étaye cette histoire. Une seule certitude : le maréchal a bien été tué, mais par qui ? À ce jour, le mystère demeure.

Au passage, l'histoire de ces rebelles illustre à merveille les aberrations et les contorsions de la politique étrangère de la France, qui n'est d'ailleurs pas le seul pays à pratiquer ces exercices d'antipodistes. Les rebelles du FACT se financent par le mercenariat. Ils ont d'abord combattu avec le camp des forces du gouvernement d'union (GNA) de Tripoli, soutenu notamment par la Turquie et l'Italie. Puis, ils se sont ralliés à celui du maréchal Haftar, appuyé lui par l'Égypte, les Émirats arabes unis et plus ou moins, selon les périodes, les Russes, les États-Unis et la France. L'influent cercle de réflexion américain, Atlantic

---

65. https://www.youtube.com/watch?v=HUMG1lPjr5Y&ab_channel=RFI
66. https://www.francetvinfo.fr/monde/afrique/tchad/idriss-deby-devient-le-premier-marechal-du-tchad_4073277.html

Council, dont le pôle Afrique est dirigé par l'ancienne ministre de Nicolas Sarkozy, Rama Yade, n'a pas raté l'occasion de souligner l'incongruité de la situation : «Voir l'un des partenaires les plus fiables de la France au Sahel se faire tuer par des mercenaires qui ont bénéficié du soutien militaire et de l'incompétence d'un autre aspirant autoritaire soutenu par Paris en Libye est un coup du sort cynique.»[67] Cinglant, mais pas totalement pertinent... S'il est vrai que des rebelles équipés et entraînés par un allié de la France ont attaqué un autre allié de la France, rien ne prouve qu'ils aient agi avec l'aval du maréchal Haftar ni qu'ils aient occis Idriss Déby[68]. Leur chef, Mahamat Mahdi Ali, reconnaîtra d'ailleurs que ni lui ni ses hommes n'ont su qu'ils avaient blessé le président, ils l'apprendront en écoutant la radio[69].

La rapidité de la succession du maréchal est aussi troublante que les conditions de sa mort. Après un décès aussi brutal, il n'y a eu aucun moment de confusion ni de désarroi. Quelques heures à peine après la disparition de son père Mahamat Idriss Déby crée, avec des généraux, un Conseil militaire de transition. Il en prend la tête et se coiffe du titre de président par intérim. Moins de 12 heures plus tard, il publie une charte de la transition, une rapidité et une efficacité dignes du livre des records. Dans la foulée, la Constitution est suspendue, le parlement

67. «Mort de Déby : un microcosme des failles de la politique étrangère française en Libye», Atlantic Council.
68. Lire l'article de Rémy Carayol et Jalel Harchaoui, un des meilleurs spécialistes de la Libye : https://orientxxi.info/magazine/la-mort-d-idriss-deby-une-affaire-tchadienne-pas-un-complot-russe,4871
69. https://www.liberation.fr/international/afrique/tchad-le-raid-qui-a-tue-le-president-idriss-deby-sans-le-savoir-

dissous. Selon cette même Constitution, le pouvoir aurait dû être transmis au président de l'Assemblée nationale, mais ce dernier aurait, dit-on, refusé la responsabilité. Dans ces circonstances, le vice-président de cette assemblée aurait dû en assumer la charge, mais curieusement personne n'a relevé ce point. Comment nommer une telle prise de pouvoir ? Un coup d'État...

Trois jours plus tard, Emmanuel Macron, accompagné de Jean-Yves Le Drian, se rend aux obsèques d'Idriss Déby. Il est le seul chef d'État occidental à y assister. Six mandats, trente années au pouvoir ne font pas du maréchal un digne représentant des «valeurs démocratiques». D'autant que ces mêmes dirigeants sont frileux à l'idée de valider un putsch anticonstitutionnel. Que la France soit représentée au plus haut niveau ne paraît pas inconvenant après tous les services rendus par le maréchal. Sous les présidents français successifs, de François Mitterrand à l'actuel locataire de l'Élysée, il a joué aux échecs dans toute la région, de la Centrafrique à la Libye en passant par le Soudan, pour le compte et/ou avec l'aval et le soutien de Paris. L'armée française l'a également sauvé au moins à trois reprises en 2006, 2008, 2019, lors de l'avancée de groupes rebelles vers la capitale[70]. Pour autant, était-il opportun pour le président français d'apporter sa bénédiction urbi et orbi au coup de force du fils ? C'est pourtant ce qu'il fit.

Lors de la cérémonie, par le geste et le verbe, Emmanuel Macron affiche ostensiblement sa proximité aux côtés de Mahamat Déby. Puis, droit dans son costume de chef de l'État,

---

70. https://vincentnouzille.fr/idriss-deby-la-mort-dun-allie-de-la-france-ami-de-la-dgse/

il déclare : « La France ne laissera jamais remettre en cause la stabilité et l'intégrité du Tchad. La France sera également là pour faire vivre sans attendre, la promesse d'un Tchad apaisé [...]. La transition aura ce rôle à jouer, la stabilité, l'inclusion, le dialogue, la transition démocratique et nous sommes et serons à vos côtés. »[71] Au nom de l'inclusivité, sans laquelle il manque toujours la petite touche finale au discours d'un dirigeant, et de la sacro-sainte stabilité, Emmanuel Macron adoube une prise de pouvoir anticonstitutionnelle. Dès lors, chaque fois qu'il prendra la parole pour parler de « démocratie », de « légitimité », cet épisode lui reviendra en boomerang. Partout et tout le temps... Il a donné du grain à moudre à tous les panafricanistes qui rappellent les doubles standards, une junte illégale ici, une transition démocratique là. Ils s'en donnent à cœur joie et commencent à penser et à dire qu'Emmanuel Macron est leur meilleur rabatteur. Il a, en prime, assommé les Tchadiens qui rêvaient d'alternance et se retrouvent avec une succession dynastique. En reprennent-ils pour 30 ans ?

Compte tenu des risques pris, pourquoi Emmanuel Macron a-t-il agi ainsi ? Le scénario rappelle celui du Mali : pas de concertation, pas de stratégie, avec comme unique ligne d'horizon une perspective de court terme. Faire vite dans la crainte que la succession de Déby père ne réveille la guerre des clans au Tchad ; agir dans l'urgence avec l'angoisse qu'un pays comme la Turquie – avec lequel la France entretient des relations exécrables –, très implantée dans cet État avec de multiples coopérations, profite

---

71. https://www.youtube.com/watch?v=18bqmKLVmUU&ab_channel=FRANCE24

du désordre ; prendre de court tous ceux qui seraient tentés d'appeler au départ de l'armée française du pays, dans le climat du rejet de la politique française au Sahel. Emmanuel Macron, Jean-Yves Le Drian, le secrétaire général de l'Élysée, Alexis Koehler, et Franck Paris ont pensé aux risques, mais sûrement pas aux bénéfices à long terme d'une transition « démocratique, apaisée, inclusive… ».

Sentant la colère gronder, moins d'une semaine après les obsèques, le locataire de l'Élysée tourne casaque et déclare « ne pas être pour un plan de succession »[72]. Ce ne sera pas le premier changement de pied dans ce dossier.

Dès le premier jour de son règne, Mahamat Idriss Déby s'est engagé à mener une transition courte de dix-huit mois et à transmettre le pouvoir à la suite d'une élection présidentielle. Mais, le général de 34 ans, qui entretemps s'est vu remettre une cinquième étoile sur sa veste de treillis, manœuvrera à merveille et trouvera le ticket parfait. À ses côtés, son conseiller, Youssouf Boy, son ami, confident, directeur de cabinet, homme de l'ombre que certains désignent comme le véritable président.

Grâce aux bons offices du Qatar, le duo initie des pourparlers avec les mouvements rebelles. Il est vrai qu'au Tchad, ils sont nombreux. Dans la foulée, il organise un « Dialogue National Inclusif ». Inclusif forcément, le sésame pour bénéficier de la bienveillance des partenaires occidentaux. En réalité, il ne restera de cet intitulé que le mot « National ». Les conclusions de ces causeries sont connues d'avance, ni le FACT, le

____

72. https://www.la-croix.com/Monde/Tchad-Emmanuel-Macron-oppose-plan-succession-tete-pays-2021-04-27-1201152957

groupe rebelle de Mahamat Mahdi, ni le parti d'opposition, les Transformateurs, ni la coalition Wakit Tamat n'y participent.

À la fin de cette consultation, en octobre 2022, malgré les absents et les critiques, les présents décident d'autoriser tous les membres du Conseil militaire à se présenter aux prochaines élections. Contrairement à ses promesses, le président par intérim pourra donc concourir à sa propre succession et en prime la transition est prolongée de 24 mois. Comment nommer ce revirement ? « Un coup dans le coup ? » Les Tchadiens font les comptes : 30 années de Déby père, plus 18 mois de transition, rallongée de 2 ans, plus 5 ans, puisque lors des scrutins présidentiels en Afrique, 92 % des sortants sont réélus. Résultat : trente-huit ans et demi de Déby, et ce n'est pas fini...

Après cette annonce, l'exécutif se tait. À la suite de l'élection présidentielle, Jean-Yves Le Drian a laissé son portefeuille à Catherine Colonna, qui n'a jamais traité, dans sa longue carrière de diplomate, des questions africaines. Déjà étouffé depuis 2017, le ministère des Affaires étrangères s'efface totalement. Le directeur du département Afrique et océan Indien, Christophe Bigot qui, lui, maîtrise les dossiers africains est déjà court-circuité par l'Élysée.

Ce silence traduit l'embarras et l'absence de cap des autorités françaises, il signe également un second revirement. Après avoir adoubé Mahamat Déby, puis dénoncé une succession dynastique, ce mutisme est une manière d'apporter une nouvelle fois leur soutien au régime tchadien. Mais que peuvent-elles faire ?

D'une part, l'époque du « gendarme de l'Afrique » est définitivement révolue, les chefs d'État ont le choix de leurs partenaires ; de l'autre, Mahamat Déby a eu le temps de consolider son pouvoir. En l'état des opinions publiques, il suffit à un chef d'État de menacer, même implicitement, d'appeler la Russie à l'aide et/ou jouer sur la corde du rejet de la politique française pour reprendre immédiatement de la hauteur dans les sondages. Le ver était dans le fruit dès son adoubement. Emmanuel Macron est pris à son propre piège et au dépourvu. L'affaire est d'autant plus délicate que la conjoncture régionale et internationale a beaucoup évolué en dix-sept mois.

En octobre 2021 s'est produit le coup d'État au Soudan voisin. Les deux États sont liés par leur histoire, leur géographie, leurs relations commerciales, ethniques, familiales. Toute déstabilisation de Khartoum a des conséquences à Ndjamena, déjà encerclé par les conflits à ses frontières nigériane, centrafricaine, libyenne.

Au Mali, les éléments se sont déchaînés à la vitesse d'un missile hypersonique. Le 31 janvier 2022, l'ambassadeur de France est expulsé, sommé par le gouvernement malien de quitter le territoire sous 72 heures. Emmanuel Macron, voyant arriver l'élection présidentielle française de mai 2022 à grands pas et craignant que le Sahel ne s'invite dans les débats, reste silencieux. Les autorités maliennes demandent la révision des accords de défense avec la France et attendent la réponse. Finalement, le 17 février 2022, le président français jette l'éponge et annonce le retrait des forces françaises du Mali[73]. La France

73. https://www.francetvinfo.fr/monde/afrique/mali/mali-emmanuel-macron-annonce-la-fin-de-l-operation-barkhane_4966950.html

se donne entre quatre et six mois pour déménager Barkhane, un véritable défi logistique. Heureusement, le Niger est là pour accueillir les troupes et une grande partie des équipements. Mohamed Bazoum joue l'édredon. Grâce à lui, les contingences matérielles et la résonnance de l'échec sont atténuées.

Lorsque Mahamat Déby rectifie la transition, la France n'a plus aucune marge de manœuvre. Militairement, elle a encore besoin des soldats tchadiens : 1 200 combattants sont déployés au sein de la Force G5 Sahel qui n'est pas morte, du moins pas encore, dans la zone des «trois frontières» où sévit l'État islamique. Ces hommes sont également des éléments essentiels pour la Minusma. Ils tiennent les bases les plus difficiles de la mission onusienne dans le Nord Mali, à Tessalit, Kidal, Aguelhok.

Politiquement, elle a répété avec insistance qu'elle gardait ses bottes dans le Sahel ; que l'échec malien était lié à «une junte illégale et irresponsable» ; et bien évidemment à la propagande et l'arrivée de l'Ours. L'exécutif ne peut pas prendre ce risque. Un départ forcé d'un deuxième pays du Sahel serait cataclysmique.

En octobre 2022, la guerre en Ukraine bat son plein depuis neuf mois. Le conflit s'est exporté à bas bruits sur le continent et la hantise d'une présence russe en Afrique s'est encore amplifiée. Le vote aux Nations unies, en mars 2022, d'une résolution exigeant la fin du recours à la force contre l'Ukraine[74] a marqué les esprits. À la surprise générale, seuls 28 pays africains sur 55 ont suivi les Occidentaux, les autres se sont soit abstenus, soit ont pratiqué

---

74. https://www.lepoint.fr/afrique/resolution-a-l-onu-contre-la-guerre-en-ukraine-l-afrique-en-ordre-disperse-03-03-2022-2466913_3826.php

la politique de la chaise vide, seule l'Érythrée a voté contre. Les États du continent ne votent plus le doigt sur la couture du pantalon et les Américains en prennent subitement conscience. Ce scrutin produit l'effet d'une douche glacée à Washington, qui immédiatement réagit. Ce stress se lit dans la multiplication des interventions qui suivent le vote. L'ambassadrice américaine à l'ONU déclare qu'il ne « pouvait pas y avoir de terrain neutre et que cette crise n'était pas simplement une compétition de guerre froide entre l'Occident et la Russie. »[75] Dans la foulée, le chef de la diplomatie américaine, Anthony Blinken, reçoit Moussa Faki, le président de la Commission africaine. Sur le réseau X, le patron du commandement des États-Unis pour l'Afrique (AFRICOM), s'épanche sur l'Afrique avec des yeux de Chimène : « Peut-être que l'Amérique a pu ignorer l'Afrique dans le passé, mais ce n'est pas l'avenir. [...] L'AFRICOM protège, fait progresser les intérêts américains, empêche la distraction stratégique et préserve les options de l'Amérique. »[76] Qu'en termes galants, ces choses-là sont dites.

Pour corser le tout, les énormes disparités dans l'aide apportée au Sahel et en Ukraine suscitent grincements de dents et incompréhensions. Dans une interview à l'Obs, Mohamed Bazoum exprime son sentiment sur cette question : « La guerre en Ukraine montre que les Occidentaux ont beaucoup d'argent [...] ils peuvent mettre une partie significative dans le combat contre

---

75. https://www.bbc.com/afrique/monde-60791431
76. https://www.iveris.eu/list/notes/544-la_guerre_en_ukraine_rebat_les_cartes_au_sahel

le terrorisme, dans la stabilisation de nos pays. »[77] Muhammadu
Buhari, alors président du Nigéria, constate, lui, que les armes
livrées à Kiev sont détournées et qu'elles commencent à s'infil-
trer dans la région du lac Tchad[78]. Les dirigeants sahéliens, qui
ont toujours considéré qu'ils étaient victimes des erreurs faites
en Libye, ont le sentiment d'être le parent pauvre ; ils considèrent
également qu'ils subissent une nouvelle fois les conséquences
néfastes des politiques européenne et américaine.

Pour la France, la situation est encore plus délicate.
Washington et Bruxelles se méfient de plus en plus de sa gestion
des affaires africaines. Non seulement elle faillit à contenir
la Russie, mais par ses erreurs, elle favorise son arrivée. Par
maladresse, François Hollande[79] lui a ouvert la porte de la
Centrafrique, avec ses fautes à répétition, Emmanuel Macron
celle du Mali. L'affaire de l'adoubement de Mahamat Déby n'a pas
arrangé les choses. Aux voix des Maliens, des Burkinabè et des
Nigériens se sont ajoutées celles des Tchadiens. Les Européens
sont nombreux à penser que la France est devenue radioactive
sur le continent et qu'il vaut mieux s'en distancer. À l'époque,

77. https://www.lefigaro.fr/flash-actu/sahel-le-niger-appelle-la-france-et-l-
europe-a-prendre-plus-de-risques-dans-leurs-operations-20220518
78. https://www.alwihdainfo.com/Buhari-les-armes-utilisees-en-
Ukraine-penetrent-dans-les-pays-du-bassin-du-lac-Tchad_a119658.ht-
ml#:~:text=%22Le%20conflit%20arm%C3%A9%20en%20Ukraine,par%20
le%20m%C3%A9dia%20nig%C3%A9rian%20Vanguard
79. Après avoir mis un terme à l'opération Sangaris alors que la situation en
Centrafrique n'était pas encore stabilisée, François Hollande a conseillé au
président Touadéra de se tourner vers les Russes pour obtenir des armes,
https://mondafrique.com/a-la-une/centrafrique-la-promesse-tra-
hie-de-francois-hollande-a-touadera/

un diplomate de l'Union européenne me fait comprendre que Bruxelles aimerait bien reprendre la main sur le dossier sahélien, tout en manœuvrant habilement afin de ne point heurter la susceptibilité d'Emmanuel Macron.

Pour ne rien arranger, le 20 octobre se produit un événement tragique qui reste inscrit dans l'histoire du pays comme « le jeudi noir ». Après l'annonce de la rectification de la transition, le leader du parti d'opposition, Succès Masra, organise une manifestation qui est violemment réprimée. L'État tchadien reconnaît 73 victimes, la Ligue des droits de l'Homme en compte 218[80], auxquels s'ajoutent 40 disparus et 1 300 arrestations. La France, l'Union africaine, les États-Unis, l'ONU condamnent, et puis ? Rien. Aucune sanction, aucune enquête internationale n'est demandée. La « communauté internationale » se cache derrière le principe de subsidiarité, qui veut que l'organisation régionale de l'Afrique centrale, la CEEAC, décide chez elle. Cette structure s'empare donc du dossier pour l'enterrer. Un médiateur est nommé, le président de la République du Congo, Félix Tshisekedi, qui s'empresse... de ne rien faire... Un an et demi après le jeudi noir, aucun rapport d'investigation indépendant n'a été publié[81]. Au malheur de la perte se greffe la cruauté de l'impunité, qui est très bien documentée pour être l'un des facteurs de fragilisation des sociétés. Il arrive parfois que la « sacro-sainte stabilité » ne prime pas...

---

80. https://afriquexxi.info/Au-Tchad-le-regime-de-l-impunite
81. https://www.jeuneafrique.com/1495415/politique/un-an-apres-le-jeudi-noir-ndjamena-entre-craintes-et-quete-de-verite/

Chapitre VIII
Ubu au pays de Simandou

La Guinée ne fait pas partie de l'espace sahélien qui s'étend de Dakar à la mer Rouge[82]. Pourtant, le coup d'État du 5 septembre 2021 a toute sa place dans cet ouvrage. Il s'intègre résolument dans la série de putsch qui ont eu lieu en Afrique au cours de ces quatre dernières années, et enrichit le tableau haut en couleur des absurdités, des inconséquences, des doubles standards et des luttes d'influences. Le jour du putsch en Guinée s'est déroulé selon le même scénario éculé, sauf que celui-ci fût sanglant.

Dans la nuit du 5 septembre, les assaillants pénètrent à l'intérieur du palais Sékoutouréya, montent au premier étage et cueillent Alpha Condé dans sa chambre. Aux environs de 10 h du matin, le président est emmené à la base des forces spéciales à bord d'une jeep. Le chef du putsch, le colonel Mamadi Doumbouya, publie une vidéo sur les réseaux sociaux dans laquelle il justifie son action en ces termes classiques : « La situation sociopolitique et économique du pays, le dysfonction-nement des institutions républicaines, l'instrumentalisation de la justice, le piétinement des droits des citoyens, la gabegie financière ont amené l'armée républicaine à prendre ses respon-sabilités vis-à-vis du peuple de Guinée. »[83] Il annonce ensuite la litanie habituelle : dissolution de la Constitution, des institu-tions, du gouvernement et création d'un « Comité national du

---

82. Selon les différentes écoles, l'espace sahélien n'est pas délimité de la même manière, certains y ajoutent la Somalie, l'Éthiopie, du Sénégal au Soudan est la définition la plus usitée.
83. https://www.jeuneafrique.com/1227529/politique/guinee-tentative-de-coup-detat-en-cours-a-conakry/

rassemblement et du développement» (CNRD). Dans le courant de l'après-midi, à la télévision nationale, il réitère ces propos et les conclut par une formule gracieuse: «La Guinée est belle: nous n'avons plus besoin de la violer. On a juste besoin de lui faire l'amour.»[84] Mais d'où sort ce nouvel homme fort avec ses lunettes de soleil vissées sur le visage?

Une fois passés les premiers éléments ripolinés de son curriculum vitae officiel: patron du Groupement des forces spéciales de l'armée guinéenne depuis 2018, marié à une sergente-chef de la gendarmerie française, l'histoire prend un tour plus captivant. À sa sortie de l'école élémentaire de la ville de Kankan en Haute-Guinée, il trouve un emploi de réparateur de pneus. À 20 ans, il émigre en Europe comme nombre de ses compatriotes[85]. Pendant quatre ans, il vit d'expédients aux Pays-Bas avant d'intégrer la Légion étrangère. Lorsque son contrat de cinq ans arrive à terme, la légion refuse de le renouveler et ne lui accorde pas non plus la nationalité française. Selon l'un de ses anciens frères d'armes, il n'aurait pas été fidèle au vigoureux code d'honneur de la maison et aurait même écopé de 110 jours de trou pour violences. Il retourne au pays en 2012, avec pour tout bagage un grade de caporal. Cornaqué par le général de gendarmerie Sidiki Camara, surnommé «Idi Amin», qui le présente à Alpha Condé, il monte les marches jusqu'à devenir patron des forces spéciales. À 41 ans, le voilà

---

84. https://www.jeuneafrique.com/1227919/politique/guinee-qui-est-mamadi-doumbouya-le-lieutenant-colonel-qui-a-renverse-alpha-conde/
85. La Côte d'Ivoire et la Guinée font partie des principaux pays pourvoyeurs de migrants en Europe.

président d'un pays disposant de la première réserve de minerai de fer au monde…

Si ce sont bien ses forces spéciales qui ont attaqué le palais présidentiel le 5 septembre 2021, Mamadi Doumbouya n'a pas participé aux combats. Il attendait tranquillement dans une voiture blindée garée près d'une ambassade occidentale. Plusieurs sources sécuritaires me l'ont confirmé lors de mon dernier séjour à Conakry. L'homme qui s'apprêtait à diriger la Guinée ne pouvait prendre le risque d'être tué ou blessé. Si le mode opératoire de ce putsch fut très professionnel, il n'en était pas moins dangereux. Un membre de la garde présidentielle en poste ce jour-là[86] s'est confié à un journaliste guinéen et a relaté par le menu comment les forces spéciales ont pénétré à l'intérieur de Sékoutoureya par les étages supérieurs entre 2 h et 4 h du matin. Personne ne les a vues arriver, aucune présence, aucun mouvement n'a été détecté sur les écrans de surveillance. Les affrontements entre les deux camps ont eu lieu à l'extérieur vers 8 h du matin. Un expert en sécurité trouve cette version parfaitement crédible : « C'est un coup avec infiltration préalable. Les renforts, avertis, tombent dans la nasse en pensant secourir les assiégés. Mais la place est déjà investie et tenue. Classique et efficace. »[87] En revanche, les combats entre les forces spéciales et la garde présidentielle, qui se sont déroulés aux abords du palais, ont été enragés. Le bilan de cette

---

86. https://www.africaguinee.com/un-ancien-garde-d-alpha-conde-parle-comment-le-palais-sekoutoureya-ete-attaque-2/
87. https://www.iveris.eu/list/notes/537-coup_detat_en_guinee_nouvel_episode_de_la_guerre_froide_20_

journée reste le secret le mieux gardé de Conakry, mais tous les témoignages recueillis recoupent des chiffres très élevés, de l'ordre de 100 à 160 morts. Certains corps ont été enterrés en catimini, aujourd'hui encore des femmes cherchent toujours la dépouille de leur mari.

Curieusement, aucun service de renseignement n'a rien vu venir. Pourtant Français, Américains, Israéliens travaillaient à la formation desdites forces spéciales. Bizarrement, ces instructeurs n'ont rien remarqué, pas le moindre signal, la moindre alerte, les jours précédents le coup. Pourtant, lorsque cinq cents militaires se préparent à engager une action aussi délicate que dangereuse, il devait y avoir, a minima, de l'électricité dans l'air. Étrangement, cette fois, personne non plus n'a reproché aux fins limiers d'avoir été aveugles et sourds. Dans un livre, un brin hagiographique, intitulé *Guinée les véritables raisons d'un coup d'État inique*, Adrien Poussou, un ancien ministre centrafricain, raconte que la veille du putsch un avion avec une centaine d'Américains a atterri à l'aéroport de Conakry. Ces hommes seraient ensuite descendus à l'Hôtel Kaloum, le plus grand de la capitale. Des informations invérifiables, cependant, elles sont à mettre en lien avec une vidéo publiée sur les réseaux sociaux qui a fait sensation.[88] Elle montre des militaires américains tout sourire, roulant dans un 4/4 suivant les pick-up de l'armée guinéenne et empruntant le même itinéraire que le convoi qui transportait Alpha Condé. Devant un tel buzz, les États-Unis ont été obligés de réagir. Le premier à s'exprimer fut le consul

---

88. https://ghostarchive.org/archive/6zhjE

de Californie en Guinée. Il twitta : « Pour ceux qui partagent la vidéo de soldats américains dans un 4 x 4, je tiens à vous signaler que c'est l'escorte de l'ambassade américaine à Conakry, rien de plus… »[89]. L'explication n'ayant pas suffi à éteindre l'incendie, l'AFRICOM s'y essayait : « Le gouvernement et l'armée américaine ne sont en aucun cas impliqués dans cette apparente prise de contrôle militaire. »[90] Enfin vint le tour du Pentagone : « Dimanche, une fois que les Bérets verts ont réalisé qu'un coup d'État était en cours, ils se sont rendus directement à l'ambassade des États-Unis à Conakry »[91]. En faisant un détour pour accompagner le convoi des putschistes ? Washington est d'autant plus embarrassé que Mamadi Doumbouya a participé à un exercice Fintlock à Ouagadougou en 2019[92]. À cette occasion, le colonel a rencontré Assimi Goïta…

Lors d'un putsch, les condamnations officielles sont toujours à analyser avec beaucoup d'attention. Elles se classent en plusieurs catégories : celles prononcées du bout des lèvres, qui valent acceptation ; celles plus fermes par souci de communication ; celles intransigeantes qui promettent des lendemains difficiles.

Pour ce coup d'État là, une nouvelle classification pourrait être créée. Celle des mécontents frappés d'impuissance dans

---

89. https://twitter.com/ConsulofGuinea/status/1435973840706834434
90. https://www.nytimes.com/2021/09/10/world/africa/guinea-coup-americans.html
91. https://www-nytimes-com.translate.goog/2021/09/10/world/africa/guinea-coup-americans.html?_x_tr_sl=en&_x_tr_tl=fr&_x_tr_hl=fr&_x_tr_pto=sc
92. https://www.nytimes.com/2021/09/10/world/africa/guinea-coup-americans.html

laquelle se rangeraient la Chine, la Russie et la Turquie. Dès son arrivée au pouvoir, Alpha Condé a revu le code minier et rebattu les cartes des concessions. Le très convoité gisement de fer de Simandou, le plus important au monde, a donné lieu à une saga épique où se sont confrontés Georges Soros et le milliardaire israélien Beny Steinmetz, défendu par le médiateur-avocat Nicolas Sarkozy. Il faut dire que le potentiel des ressources minérales de ce pays est considérable dans le fer, mais aussi dans la bauxite, l'or, les diamants. Pékin, principal partenaire économique de la Guinée, s'est taillé la part du lion. Moscou, avec l'entreprise Rusal, est arrivé en deuxième position en exploitant trois mines de bauxite dans le pays. Ankara s'est vu confier la gestion d'une partie du port de Conakry par le groupe Albayrak et est devenu un partenaire commercial important. Le putsch du 5 septembre fut, évidemment, un très mauvais coup pour tous ces pays-là. La Chine, adepte d'une diplomatie feutrée, n'a pourtant pas caché son agacement : « Nous suivons de près la situation en Guinée. La Chine s'oppose au coup d'État et appelle à la libération immédiate du président Alpha Condé »[93]. Plus direct, le porte-parole du Kremlin, Dimitri Peskov, a mis le doigt sur le point névralgique : « nous espérons que les intérêts commerciaux de nos entrepreneurs et de nos entreprises ne seront pas affectés et seront garantis »[94]. La Turquie a immédiatement réagi : « La Turquie se tient contre les tentatives de

---

93. https://french.news.cn/2021-09/06/c_1310171886.htm
94. https://www.jeuneafrique.com/1228865/economie-entreprises/coup-de-tat-en-guinee-la-russie-suit-de-pres-la-situation-a-conakry/

remplacer illégalement des gouvernements élus »[95]. Aux intérêts commerciaux entre Ankara et Conakry s'ajoutait une colère personnelle, les deux présidents Recep Tayyip Erdogan et Alpha Condé étant très liés. C'est d'ailleurs à Istanbul que ce dernier s'est exilé. Dans le camp des mécontents-frustrés pourrait aussi figurer le Secrétaire général des Nations unies, Antonio Guterres[96], qui le jour même du putsch condamnait fermement « toute prise de pouvoir du gouvernement par la force du fusil. » Agacement après un 4ᵉ coup d'État en Afrique de l'Ouest en une année, ou amitié pour le président guinéen renversé ? Probablement les deux...

Dans la catégoric « du bout des lèvres » se range la CEDEAO, qui s'est contentée du service minimum malgré le bilan sanglant de ce putsch. Elle a condamné la prise de pouvoir par la force et demandé la libération du président. Le département d'État s'est aligné sur l'organisation sous-régionale. Dans un court communiqué[97], le Quai d'Orsay a repris les mêmes éléments de langage. L'Élysée s'est tu.

Comme ses homologues d'Afrique de l'Ouest, Alpha Condé avait porté un regard bienveillant sur l'arrivée d'Emmanuel Macron à la présidence. Au fil des ans, leur relation s'est détériorée jusqu'à la rupture. En 2020, les chefs d'État ivoirien et guinéen décidaient tous deux de se représenter pour un troisième

---

95. https://www.aa.com.tr/fr/turquie/la-turquie-condamne-le-coup-d%C3%A9tat-militaire-en-guin%C3%A9e/2356411
96. https://www.aa.com.tr/fr/afrique/coup-d-etat-en-guin%C3%A9e-le-sg-de-l-onu-condamne-toute-prise-de-pouvoir-par-la-force/2356313
97. Première réaction de la France suite au coup d'État en Guinée, Financial Afrik.

mandat. Cette affaire de troisième mandat anticonstitutionnel très décriée provoqua des remous politiques et des violences dans les deux pays. Sur ce sujet, l'Élysée prit une position insolite. Le chef de l'État s'en expliqua dans une interview accordée au magazine *Jeune Afrique*[98]. Il considérait la candidature d'Alassane Ouattara comme légitime, en revanche celle d'Alpha Condé ne l'était pas. Le premier avait fait son devoir, quant au second, son passé d'opposant historique à Sékou Touré : « justifiait qu'il organise lui-même une bonne alternance. » Cette posture schizophrénique du président français mécontenta les opposants du président ivoirien et les soutiens du président guinéen, mais n'a pas réjoui les camps opposés pour autant. Trop d'abscondités nuisent à l'audibilité.

Dans son livre, Adrien Poussou rapporte un échange entre Emmanuel Macron et Alpha Condé qui témoigne de l'âcreté de leur relation. Au président français qui lui reprochait sa candidature, il répliqua : « ce que tu penses de moi m'est égal. Le seul avis qui compte, c'est celui des Guinéens ». Puis l'homme, qui a gardé de son passé de président de la Fédération des étudiants d'Afrique noire en France (FEANF) un goût certain pour la contestation, rétorqua, un chouia provocateur : « Je ne suis pas un tirailleur ». Ambiance.

Le 5 septembre 2021, la page Alpha Condé fut donc tournée aussi rapidement que celle de son ami Ibrahim Boubacar Keïta. La CEDEAO fit preuve d'une grande mansuétude envers les putschistes. Les seules sanctions imposées se limitèrent à une

----

98. Emmanuel Macron ou l'insoutenable légèreté de l'être, iveris.eu.

interdiction de voyage et au gel de leurs comptes. Après de très longues négociations sur la durée de la transition, l'organisation sous-régionale, toujours bienveillante, leur concéda deux années. Mais Mamadi Doumbouya insista alors pour que le délai soit décompté à partir de janvier 2023. Après des discussions serrées, les deux parties s'accordèrent sur décembre 2022 ! Dans le meilleur des cas, il n'y aura donc pas d'élection avant décembre 2024, mais comme c'est la période des fêtes, peut-être faudra-t-il attendre les soldes de janvier, voire celles d'été.

L'indulgence de l'institution ouest-africaine ne reposait pourtant sur aucun indicateur concret en termes de droits de l'homme, de lutte contre la corruption ou encore dans l'organisation d'élections libres crédibles et transparentes, comme le veut la formule consacrée. Très vite, le pays a filé comme un bateau ivre dans le golfe de Guinée, se transformant en un sinistre royaume d'Ubu : manifestations réprimées ou interdites, presse bâillonnée, lutte contre la corruption transformée en vaste entreprise de népotisme, etc.[99]

Pourtant, à ses débuts, la junte guinéenne avait bénéficié d'une certaine forme d'état de grâce. Nombreux avaient applaudi ce putsch comme une revanche contre le troisième mandat contesté, y compris une partie du camp présidentiel qui voyait d'un très mauvais œil certaines réformes. Pour juguler la corruption endémique, Alpha Condé avait entrepris

---

99. Le journaliste Thomas Dietrich a révélé que le PDG de la Société Nationale des Pétroles, Amadou Doumbouya, cousin germain du président, en poste depuis décembre 2021, s'était offert un an plus tard une luxueuse résidence au Texas, payée en cash, 1,38 million de dollars. Et ce n'est qu'un exemple.

un certain nombre de chantiers, dont celui d'informatiser le trésor ainsi que tout ce qui concernait la passation des marchés publics. Ces restructurations auraient ôté le pain de la bouche à un certain nombre d'apparatchiks, qui se sont vite ralliés avant de déchanter.

Au sein de l'armée, le 5 septembre n'a pas été plus apprécié. Les coups d'État sont toujours de grands déstabilisateurs des institutions militaires. La hiérarchie est tourneboulée, colonels ou capitaines se retrouvent à commander des généraux. Celui-ci a eu des effets plus délétères encore en raison des nombreuses pertes qui ont laissé des haines, des peines et des ressentiments. En outre, Mamadi Doumbouya est considéré comme un parachuté par ses frères d'armes. Il n'a pas fait ses classes au pays, n'a aucun promotionnaire ni parmi les militaires ni au sein des services de renseignement. Son autoritarisme passe mal ; il exclut ou promeut à sa guise selon son bon vouloir et surtout selon celui de ses féticheurs. Résultat : plus personne n'a confiance en personne, les forces spéciales surveillent la gendarmerie, l'armée et la police, qui surveillent les premières en retour. Toutes ces raisons expliquent l'impressionnant dispositif sécuritaire qui accompagne Mamadi Doumbouya à chacun de ses déplacements. Conakry bruisse de rumeurs sur la brutalité du pouvoir, sur les détentions et les exécutions arbitraires et les tortures d'un autre âge. Le rapport sur les droits de l'homme en 2022 de l'ambassade des États-Unis à Conakry, confirme ces allégations «... assassinats illégaux ou arbitraires ; tortures ou traitements ou peines cruels, inhumains ou dégradants de la part du gouvernement ; conditions de détention difficiles et dangereuses pour la vie ; arrestations ou détentions arbitraires ; et caetera, et caetera. »[100]

À l'Assemblée nationale, Aurélien Saintoul, député Insoumis[101] a demandé à Sébastien Lecornu : «Pourquoi a-t-on repris la coopération militaire avec la Guinée, alors que le pays est dirigé par un putschiste et que toutes les libertés publiques y sont progressivement abrogées ?» Le ministre de la Défense, visiblement pas au courant de ce dossier, a sorti un joker.

Sur la Guinée, l'exécutif semble frappé d'aphasie. En revanche, l'ambassadeur de France à Conakry, lui, s'exprime. De nature très optimiste, il communique allégrement sur tous les sujets positifs en prenant soin d'évacuer tous ceux qui fâchent[102]. Marc Fonbaustier et son attaché de Défense n'ignorent rien de ce qui se passe dans le pays, mais ils continuent à côtoyer régulièrement le chef de la junte. Dans la capitale, où tout se sait, une telle proximité irrite. Elle est vue comme une garantie de survie et de longévité des autorités. Les Guinéens restent pourtant le dernier carré des Africains de l'Ouest à ne pas céder aux sirènes des discours panafricanistes, une rhétorique connue pendant tout le règne de Sékou Touré.

Même politique de l'autruche du côté de Washington. Lors de son voyage en janvier 2023 dans quatre pays du golfe de Guinée, Anthony Blinken a soigneusement évité Conakry[103]. Difficile de

---

100. https://gn.usembassy.gov/fr/guinee-rapport-2022-sur-les-droits-de-lhomme/
101. https://twitter.com/A_Saintoul/status/1762882039206887610
102. https://twitter.com/AmbaFrGuinee
103. https://fr.africanews.com/2024/01/22/usa-blinken-entame-une-tournee-dans-4-pays-dafrique/

venir dans un pays sans évoquer les «valeurs» partagées, démocratie, droits de l'homme et liberté de la presse. Les Russes, les Chinois, les Turcs partagent le même mutisme, mais eux n'ont pas l'habitude de s'ériger en donneurs de leçons sur ces questions-là.

En revanche, tous gardent les yeux rivés sur les richesses minières du pays. Lors de son arrivée au pouvoir, la junte avait rassuré ses partenaires que toutes ses obligations seraient respectées. Puis, changement de pied, elle a annoncé une réforme du secteur minier à la grande joie des Occidentaux qui espéraient une redistribution des cartes. Cependant, ce ne fut pas le grand soir tant attendu pour contenir les appétits chinois et russes en Afrique. Ils sont toujours là. D'une part, dénouer les contrats n'est pas une opération simple. De l'autre, Pékin et Moscou ont intelligemment manœuvré et réussi à conserver leurs acquis. Ils connaissent bien le pays dans lequel ils œuvrent depuis l'indépendance, en 1958. Le grand projet de la Route de la soie, 20 milliards de dollars de minerais contre infrastructures n'est pas enterré, selon un expert minier : «Les Chinois mettent le paquet».

Si d'aventure, un autre coup d'État se produisait, les nouveaux militaires pourraient annoncer, sans ambages : «La situation sociopolitique et économique du pays, le dysfonctionnement des institutions républicaines, l'instrumentalisation de la justice, le piétinement des droits des citoyens, la gabegie financière ont amené l'armée républicaine à prendre ses responsabilités vis-à-vis du peuple de Guinée.»[104]

---

104. https://www.jeuneafrique.com/1227529/politique/guinee-tentative-de-coup-detat-en-cours-a-conakry/

Chapitre IX
Burkina Faso : marcher au bord du précipice et regarder vers l'abîme

Et un et deux et cinq coups d'État en dix-huit mois entre le Sahel et l'Afrique de l'Ouest... Dimanche 23 janvier 2022 aux aurores, des tirs nourris retentissent pendant des heures en provenance des casernes des villes de Ouagadougou, de Kaya et de Ouahigouya[105]. Pendant presque 24 heures, ces événements sont interprétés comme un mouvement d'humeur de soldats mécontents, d'autant que ce n'est pas une première au Burkina Faso. Dans un premier temps, les militaires font parvenir leurs revendications : départ des dignitaires de l'armée, moyens adaptés à la lutte contre les groupes djihadistes, effectifs plus conséquents, meilleure prise en charge des blessés de guerre et des familles de ceux tombés au champ d'honneur. Compte tenu de l'état de l'armée et des problèmes qu'elle connaît, ces revendications paraissent sensées. D'après les rumeurs qui courent sur les messageries privées, des négociations seraient en cours entre le ministre de la Défense et les mutins. Puis, pendant quelques heures, le calme revient laissant à penser que des accords ont été trouvés. Il n'en est rien. Cette pause des hostilités est seulement due au match de football qui se déroule entre les Étalons burkinabè et les Panthères gabonaises, dans le cadre de la Coupe d'Afrique des Nations ! Après le tir au but de la victoire pour le pays des insurgés, les tirs reprennent de plus belle. En réalité, cette mutinerie n'était qu'un subterfuge, une opération maquillage d'un putsch chargé d'éjecter le président Roch Marc Christian Kaboré de son fauteuil. Aux environs de minuit, des explosions sont entendues près de sa résidence, mais

---

105. Voir annexe Burkina Faso

personne ne sait où il se trouve. Les militaires français présents à Ouagadougou le cherchent pour le protéger, il échappe discrètement à leur surveillance... Le 24 janvier, à 7 h 30 du matin, il est arrêté. Le nouveau venu s'appelle Paul-Henri Damiba, colonel de son état et inconnu au bataillon jusque-là. La suite est désormais connue, le nom choisi pour l'organe de transition est: Mouvement patriotique pour la sauvegarde et la restauration, avec son acronyme MPSR. Petit divulgâchage[106] au passage, il y aura un MPSR 2...

Dans la foulée, Roch Marc Christian Kaboré démissionne et personne ne demande le retour du président démocratiquement élu. Cela n'aurait évidemment rien changé, comme ses pairs malien et guinéen, il est évincé du paysage politique en quelques heures. La CEDEAO opte pour le strict service minimum[107] en demandant la libération immédiate de l'ancien chef de l'État, la suspension du pays de son institution, mais aucune sanction n'est imposée à la junte. Pas la moindre interdiction de voyage, ni de gel des avoirs, c'est une première. Jean-Yves Le Drian fait part de « sa préoccupation » et compte sur l'organisation sous-régionale pour adopter « les initiatives indispensables qui doivent être prises ». Lors d'un déplacement en province, Emmanuel Macron répond aux questions des journalistes, qui commencent à sérieusement s'intéresser à l'Afrique de l'Ouest devant l'ava-

---

106. Divulgâchage : nom entré récemment dans le dictionnaire, qui nous vient tout droit du Canada, et qui permet de ne pas avoir à employer le mot anglais de spoiler.
107. https://www.youtube.com/watch?v=A5d-QrG00F4&ab_channel=FRANCE24

lanche de rebondissements. Le président français souligne que son homologue burkinabè : « avait été élu démocratiquement à deux reprises. » Il déplore cet événement qui : « s'inscrit dans une succession de plusieurs coups d'État militaires qui sont extrêmement préoccupants ». Hormis le deuxième coup d'État de mai 2021 au Mali, qui n'en était somme toute pas vraiment un, c'est le quatrième putsch qui passe comme une lettre à la poste. Pourtant, et contrairement à celui qui a évincé Ibrahim Boubacar Keïta au Mali, ce coup d'État-là ne bénéficie d'aucune légitimité populaire, aucune manifestation de joie ne s'exprime. Les Burkinabè vacillent entre expectative et renoncement. La désinvolture, la nonchalance de Roch Marc Christian Kaboré devant la dégradation sécuritaire les irritaient prodigieusement. Ils restent néanmoins soucieux, dubitatifs et méfiants devant l'affaiblissement de l'État de droit que cet événement entérine.

L'ancien président s'en va donc comme il était arrivé, dans le bruit et la fureur, après avoir accompagné pendant six années la longue descente aux enfers de son pays. Ainsi, le 15 janvier 2016, quinze jours après son élection, Ouagadougou était frappée pour la première fois de son existence, touchée en plein cœur, par un attentat terroriste revendiqué par AQMI. Le début de son quinquennat commençait mal. Les années suivantes se sont apparentées au supplice de la goutte d'eau, des attaques sporadiques se produisant ici et là. Jusque-là, circonscrits au seul Mali, les djihadistes ont recruté au Burkina Faso. En décembre 2016 est née la katiba Ansarul islam, devenue une branche du JNIM dirigée par Iyad Ag Ghali. Au fil des ans, les incidents sécuritaires s'intensifient, le nombre de blessés, de déplacés augmente lentement, mais sûrement. En 2019, les chiffres explosent. L'armée, déjà déstabilisée par la mutinerie de 2011 et par la révolution de 2014, n'était pas préparée, le personnel politique l'était encore moins. Contrairement à leurs voisins maliens qui connaissent des crises à répétition, depuis la première révolte touareg en 1963, les Burkinabè sont désemparés. Depuis des décennies, ils n'ont connu que la paix[108]. Tous mettent cette violence sur le compte des réseaux de l'ancien président Blaise Compaoré, en refusant de voir la réalité. Insensible aux souffrances des populations des régions les plus impactées, celles du nord, du centre et de l'est, l'élite vit dans le déni. Tant que le champagne coule à « Ouaga », tout va...

Mais ce n'est pas à cause de cette absence de résultat que l'exécutif français s'accommode fort bien du départ de Roch Marc Christian Kaboré. Les relations entre les deux chefs d'État sont fraîches depuis l'histoire du climatiseur à l'université de Ouagadougou. Celles entre les deux armées sont empreintes de méfiance. Depuis les années 2008, la *task force* Sabre, une unité de quatre cents forces spéciales françaises, est présente sur le territoire burkinabè. Si elle a été intégrée à l'opération Barkhane en 2014, elle n'en garde pas moins son autonomie. Son rôle

---

108. Si le Burkina Faso de Blaise Compaoré a attisé les conflits dans toute la sous-région de la Côte d'Ivoire au Libéria, les Burkinabè n'ont jamais eu à s'en plaindre puisque leur économie profitait desdits conflits. Ils n'ont connu qu'une seule guerre de 15 jours en décembre 1985 avec leur voisin malien autour d'un conflit frontalier dans la bande d'Agacher. Un cessez-le-feu est obtenu par des négociations, mais c'est la Cour internationale de Justice (CIJ) qui a tranché définitivement le conflit en partageant les 3 000 km de bande de terre disputée en deux.

Burkina Faso : marcher au bord du précipice et regarder vers l'abîme

consiste essentiellement à cibler les chefs djihadistes de la région. Elle intervient peu dans le pays, ou seulement en appui ponctuel des forces burkinabè qui gardent une forme d'esprit sankariste[109], soucieuses de leur souveraineté. Contrairement au Mali où Barkhane a agi à sa guise pendant des années, au pays des hommes intègres l'action de Sabre était étroitement cadrée et surveillée. Par ailleurs, en plus de la déclaration de Roch Marc Christian Kaboré faite en 2019 en Russie, appelant à diversifier les partenaires, d'autres événements survenus dans le pays avaient prodigieusement irrité l'Élysée.

À l'été 2020, en prévision de l'élection présidentielle de novembre, le chef de l'État burkinabè décide de négocier avec les djihadistes. Bien entendu, il ne l'admet pas publiquement, néanmoins cette affaire n'est passée inaperçue ni des services de renseignement ni de ceux qui surveillent de près ce pays. Ce faisant, le président Kaboré fait fi des injonctions d'Emmanuel Macron et de ses lignes rouges. Les pourparlers sont organisés dans le plus grand secret entre le pouvoir et Bah Ag Moussa, un des bras droits d'Iyad Ag Ghali. Par essence, ces négociations restent confidentielles et les termes du « contrat » passé entre les parties ne sont connus que des seuls initiés. À ma connaissance cependant, l'accord ne mentionnait ni la charia ni aucune autre question religieuse ; le préalable du départ des forces étrangères posé par ce groupe djihadiste avant toute négociation n'avait pas non plus été retenu. Il est vrai que le Burkina Faso ne

---

109. Thomas Sankara était le leader « révolutionnaire » qui a pris le pouvoir en 1983, il a renommé la Haute-Volta en Burkina Faso, qui signifie le pays des hommes intègres.

représente pas, pour Iyad Ag Ghali et son organisation, le même enjeu symbolique que le Mali. Quelles que soient les dispositions prises, il faut noter que des djihadistes emprisonnés ont été relâchés et que l'élection présidentielle de novembre 2020 a pu se tenir sans aucun incident sécuritaire notable. Dans les mois qui ont suivi, la situation s'est même nettement améliorée, des routes ont été rouvertes, certaines populations déplacées ont pu rejoindre leurs villages. Il ne restait que quelques foyers de tension dans les régions du Soum et de l'est, vers la frontière nigérienne où sévit l'État islamique, mais l'armée n'eut plus à combattre sur tous les fronts. Le Burkina Faso a-t-il ouvert la voie au dialogue politique pour sortir de la spirale infernale d'une guerre sans fin ? Non, car une fois réélu et bien réinstallé dans son fauteuil, Roch Marc Christian Kaboré n'a pas respecté les termes financiers du *deal*. Il se serait trouvé, dit-on, quelques «coupeurs de routes»[110] sur le passage. Dans ce genre de cas, en guise de revanche, les groupes armés redoublent d'activité, les attaques sont plus nombreuses et douloureuses. Pour les populations civiles et les soldats, le cauchemar a repris de plus belle. Pendant cette courte pause, la baisse du niveau de violence a été réelle, elle n'a pourtant alimenté aucune réflexion. Par la suite, Emmanuel Macron comme Jean-Yves Le Drian ont, à plusieurs reprises, réitéré leurs lignes rouges «pas de dialogue avec les djihadistes». Le négociateur, Bah Ag Moussa fut, lui, «neutralisé» par l'armée française en novembre de la même année.

---

110. «Coupeurs de routes» est une expression fréquemment employée en Afrique pour nommer ceux qui détournent l'argent.

Burkina Faso : marcher au bord du précipice et regarder vers l'abîme

Un autre événement marquant donna du prurit à l'Élysée comme au ministère des Armées. L'histoire commence le 14 novembre 2021, lorsque le détachement de la gendarmerie d'Inata, dans la région du Soum, est attaqué par le JNIM. Le bilan est lourd, au moins 70 morts. Le pouvoir burkinabè pris au centre de toutes les critiques pour le laisser-aller, le manque de ravitaillement tant alimentaire qu'en munitions, est pointé du doigt. Le président et son gouvernement tremblent sur leur base. Quatre jours plus tard, le 18 novembre, un convoi logistique de quatre-vingts véhicules de Barkhane, arrivant du port d'Abidjan et transitant par le Burkina Faso pour rejoindre la base de Gao au Mali, est bloqué par des manifestants dans la ville de Kaya. Cette situation dure trois jours pendant lesquels les militaires français semblent tétanisés par le climat paroxystique du rejet de la politique française. Ils ne peuvent pas se désengager par la force et vivent coincés sous les quolibets d'une foule qui leur barre la route, bien décidée à camper autour des camions. Pour tenir ce siège, elle reçoit nourriture, eau, charbon de bois, généreusement offerts par un homme politique du cru… Finalement, des tirs de sommation répondent à des jets de pierres, quelques blessés sont à déplorer. La gendarmerie burkinabè se montre plutôt bienveillante avec les manifestants. Un jeune garçon descend un drone français, un engin commercial grand public utilisé seulement pour la prise d'image, avec un lance-pierre. Il devient le héros de la semaine ! Toutes les frustrations, les doléances devant la détérioration sécuritaire qui dure depuis bientôt six ans y passent. Une association panafricaniste lance les mots d'ordre, un festival de « France dégage », Barkhane est accusé de tous les maux, y compris de collusion avec les terroristes, même les morts d'Inata sont reprochés aux soldats français. Jean-Yves le Drian accuse «les manipulateurs, par des réseaux sociaux, par des fausses nouvelles, par l'instrumentalisation d'une partie de la presse qui jouent contre la France, certains parfois même inspirés par des réseaux européens, je pense à la Russie »[111]. Certes, en novembre 2021, l'hystérie Wagner au Mali atteint son apogée. Néanmoins, dans ce cas précis, il eut mieux valu désigner le doigt que la lune. Ni le ministre des Affaires étrangères ni celui des Armées n'ignorent à qui le crime a profité. Ce blocage a permis à Roch Marc Christian Kaboré de détourner l'attention et de se défaire de la pression populaire exercée après l'attaque d'Inata. Le lourd fardeau qui pesait sur ses épaules fut ingénieusement transféré sur le dos de la France.

Cette affaire, suivie comme un feuilleton dans toute la sous-région, a entraîné des conséquences encore plus graves, le calvaire des soldats français n'était pas fini. Après s'être dégagés et pris mille précautions pour finir la portion de trajet burkinabè, les voilà enfin arrivés dans la ville de Téra, au Niger, où... des manifestants les attendent! Une nouvelle fois, le convoi est bloqué. La gendarmerie nigérienne arrive sur place, les militaires de Barkhane procèdent à des tirs de sommation, résultat : trois morts et dix-sept blessés. Dans le climat ambiant, la situation se complique. Le président Mohamed Bazoum, pris en étau entre la colère de sa population et ses bonnes relations avec la France, essaye de sortir de l'impasse. Il demande publiquement

---

111. https://www.lepoint.fr/afrique/burkina-ce-que-dit-le-blocage-du-convoi-militaire-francais-a-kaya-23-11-2021-2453271_3826.php

Burkina Faso : marcher au bord du précipice et regarder vers l'abîme

aux autorités françaises l'ouverture d'une enquête pour sanctionner les auteurs des tirs. Florence Parly y répond de la plus maladroite des manières[112]. D'abord sur la forme, en s'exprimant dans le *JDD*; ensuite sur le fond en déclarant: «il y a eu déjà une enquête interne qui a montré que face à des manifestations d'une grande violence, les soldats ont fait preuve de la maîtrise nécessaire et ont eu la réaction adéquate»[113]. Circulez... Tollé général, l'intellectuel nigérien, Moumouni Farmo, réplique[114]: «Propos méprisants, insultants, indécents à l'endroit du Niger, de son président, de son peuple et de ses morts». Plus tard, Niamey et Paris indemniseront les victimes[115], mais le mal est fait. Cette réaction de la ministre, balayant d'un revers de main à la fois la requête du président Bazoum et la demande de justice des victimes, demeure, encore à ce jour, ancrée dans l'esprit des Nigériens. Elle pèsera dans le futur.

Barkhane se retrouve confrontée à de sérieuses difficultés. C'est la première fois que ce type de convoi, qui circule pourtant depuis 2013, est pris à partie de cette manière. Compte tenu de l'atmosphère du moment, encore renforcée par la déclaration de

---

112. Responsabilité du drame de Téra : Le Président Bazoum Mohamed flingue, Florence Parly riposte et gare aux boucs émissaires nigériens, nigerdiaspora. net, 26 décembre 2021.
113. *Ibid.*
114. *Ibid.*
115. https://www.aa.com.tr/fr/afrique/niger-%C3%A9v%C3%A9ne-ments-de-t%C3%A9ra-les-autorit%C3%A9s-nig%C3%A9riennes-et-fran-caises-d%C3%A9dommagent-les-victimes/2591520#:~:text=Les%20aut-orit%C3%A9s%20nig%C3%A9riennes%20et%20fran%C3%A7aises%20ont%20annonc%C3%A9%20avoir%20vers%C3%A9%20des,dans%20l'ouest%20du%20Niger

la ministre des Armées, il est difficile de réitérer une telle traversée depuis Abidjan jusqu'à Gao en transitant par le Burkina et le Niger. Or en novembre 2021, les militaires français sont toujours au Mali, la logistique doit continuer à être assurée. Puisqu'il n'est plus possible de convoyer par voie terrestre, acheminons par les airs. Certes, l'opération coûterait plus cher, mais elle serait plus rapide et moins dangereuse. Néanmoins, elle est impossible à réaliser à moins de faire un grand détour pour contourner l'Algérie. En effet, depuis octobre 2021, cet État a fermé son espace aérien à Barkhane. Cette décision, prise sans même en informer l'état-major français, fait suite à une crise diplomatique entre les deux pays, provoquée par des propos d'Emmanuel Macron. Devant un parterre de jeunes Français d'origine algérienne réunis à l'Élysée pour échanger librement afin « d'apaiser la blessure mémorielle », le président français avait déclaré[116] « Moi, je suis fasciné de voir la capacité qu'a la Turquie à faire totalement oublier le rôle qu'elle a joué en Algérie et la domination qu'elle a exercée. Et d'expliquer qu'on est les seuls colonisateurs, c'est génial. Les Algériens y croient. » Et d'enfoncer le clou en accusant Alger d'entretenir « une rancune » vis-à-vis de la France. Compte tenu du rôle crucial que joue l'Algérie dans le Sahel, le Mali étant considéré comme sa profondeur stratégique ; compte tenu de l'extrême fragilité de la position française dans la région à cette date, le moment était-il bien choisi pour « apaiser la blessure mémorielle » ? Il faudra attendre quatre mois et demi,

---

116. https://www.lemonde.fr/politique/article/2021/10/02/vous-etes-une-projection-de-la-france-emmanuel-macron-s-adresse-aux-petits-enfants-de-la-guerre-d-algerie_6096830_823448.html

le temps de refroidir les esprits, pour que le président algérien, Abdelmadjid Tebboune, accepte d'ouvrir à nouveau son espace aérien à l'armée française[117].

L'affaire du convoi a provoqué des conséquences au-delà de l'imaginable pour la France. C'est peu de dire alors que la disparition de la scène politique de Roch Marc Christian Kaboré ne laisse aucun regret à Paris. Quant aux Burkinabè, ils attendent de savoir à quelle sauce ils seront mangés. Paul-Henri Damiba et son MPSR bénéficient d'une large marge de manœuvre, ni sanction, ni menace, ni pression. La CEDEAO a accepté deux années de transition, et plus si affinités... La junte a multiplié les belles paroles et les déclarations d'intention. Elle s'est donné cinq mois pour reprendre le contrôle du territoire, un objectif extrêmement ambitieux. Sauf qu'en huit mois, les nouvelles autorités n'ont réussi qu'un seul exploit : poursuivre la descente aux enfers. Elles ne contrôlent plus que 50 % du territoire, le nombre de déplacés internes n'a cessé d'augmenter et, en prime, elles ont multiplié les fautes politiques. Venues soi-disant pour sortir le pays de l'ornière, elles n'avaient aucun projet, pas de plan B. Elles ont repris les vieilles recettes de leurs prédécesseurs, qui avaient pourtant échoué. Dès son arrivée au pouvoir, le président Kaboré avait géré la crise en utilisant la milice Koglweogo, un groupe d'autodéfense recruté sur des bases ethniques. Plus le phénomène

---

117. https://www.lemonde.fr/afrique/article/2022/02/18/l-algerie-autorise-de-nouveau-le-survol-d-avions-militaires-francais_6114212_3212.html#:~:text=Alg%C3%A9rie-,L'Alg%C3%A9rie%20autorise%20de%20nouveau%20le%20survol%20d'avions%20militaires,le%20journal%20%C2%AB%20Le%20Monde%20%C2%BB.&text=Lecture%202%20min.,pour%20le%20lire%20plus%20tard

djihadiste prenait de l'ampleur plus ce groupe se renforçait et se vengeait des attaques contre les civils peuls. Après le massacre de Yirgou en janvier 2019, le gouvernement avait choisi l'option de blanchir cette milice en créant légalement, en décembre de la même année, les Volontaires pour la défense de la patrie (VDP). L'État arme donc des civils en leur faisant bénéficier, de seulement 14 jours de formation. Sous la junte, les mêmes pratiques se sont poursuivies et les exactions contre cette communauté ont perduré. De Charybde en Scylla, plus rien ne va, *exit* Paul-Henri Damiba...

Au matin du 30 septembre 2022, les Ouagalais se réveillent une nouvelle fois au son du canon. Dès 4 h 30 du matin, de fortes détonations sont entendues dans un camp militaire situé en plein cœur de la capitale. La suite se passe dans une grande confusion, les nouveaux putschistes essayant de rejouer le coup de la mutinerie. En réalité, deux groupes s'affrontent, les anciens et les nouveaux. La bataille est rude, difficile de savoir qui sortira vainqueur. Puis le camp des arrivants fait savoir à la population, via les réseaux sociaux, que la France soutient Paul-Henri Damiba. Des manifestants sortent dans les rues et attaquent l'ambassade de France[118] et l'Institut français dans la deuxième ville du pays, à Bobo Dioulasso. D'autres décident de marcher jusqu'à la base de la force Sabre où le président de la transition est censé se cacher. Contre une partie de la population et une partie de l'armée, le MPSR a perdu et que vive le MPSR 2 !

---

118. https://www.lepoint.fr/monde/burkina-l-ambassade-de-france-prise-pour-cible-par-des-manifestants-01-10-2022-2492083_24.php

Burkina Faso : marcher au bord du précipice et regarder vers l'abîme

Ibrahim Traoré, le nouvel homme fort, joue allégrement de sa belle prestance, façon couverture *Paris Match*. Quelles que soient les occasions, le capitaine reste sanglé dans son uniforme de force spéciale, il garde l'accoutrement et ne quitte même pas les gants. Il a l'assurance, la posture des gens qui ne savent pas qu'ils ne savent pas. Drapé dans les habits révolutionnaires de Thomas Sankara, son modèle, il réunit le ban et l'arrière-ban de l'élite, des notables, des chefs traditionnels. Du haut de ses 34 ans, le capitaine les tance, les admoneste, leur explique pourquoi, comment il s'apprête à balayer la maison du sol au plafond[119]. Son prédécesseur s'était donné cinq mois, lui s'en donne deux ou trois[120]. La CEDEAO, gênée aux entournures, ne sait que faire, elle n'a pas délivré de potion amère à Paul-Henri Damiba, comment en imposer une à celui-là? Par crainte que le Burkina Faso ne suive la voie de son voisin malien, la France marche également sur des œufs. Elle retient son souffle, tant que le capitaine ne fait pas appel à la Russie, tout va bien...

Pour améliorer la situation sécuritaire, Ibrahim Traoré a une idée. Depuis 2016, les groupes dits d'autodéfense ont échoué à ramener un semblant de sécurité. Qu'à cela ne tienne, il quintuple la mise! Sous l'appellation VDP, il recrute et arme 50 000 civils. Ce qui devait arriver, arriva... Le 30 décembre 2022, à Nouna, une ville située dans la région de la Boucle

---

119. «Je suis venu balayer la maison» est une expression populaire en Afrique de l'Ouest, elle a été employée par le général Gueï lorsqu'il est arrivé au pouvoir en Côte d'Ivoire, à la faveur du coup d'État de 1999.
120. https://www.trtfrancais.com/actualites/burkina-un-an-apres-le-pouvoir-militaire-confronte-au-double-defi-de-sa-survie-et-du-terrorisme-15181536

du Mouhoun, ces Volontaires pour la défense de la patrie se livrent à des assassinats ciblés[121], en représailles d'une attaque perpétrée par les djihadistes du JNIM. Plus de quatre-vingt-six personnes, femmes, vieillards, enfants sont exécutés sommairement. Hormis, le Haut-commissaire des Nations unies aux droits de l'homme, aucune condamnation. Cette omerta est d'autant plus gênante que ce massacre n'est que l'acmé d'un mal beaucoup plus profond. Depuis l'arrivée d'Ibrahim Traoré, les libertés publiques ont été enterrées. La violence contre les civils s'est déchaînée et a pris des formes plus cruelles encore, comme l'interdiction faite aux familles des suppliciés d'enterrer les corps de leurs parents. Une pratique hors norme en Afrique où le respect des morts et le rituel des obsèques sont sacrés. De tout le pays remontent des atrocités, des personnes arbitrairement enlevées, parfois relâchées, souvent abattues sans autre forme de procès.

Dix jours après le massacre de Nouna et au lendemain de la parution d'un rapport de l'ONG Human Rights Watch, détaillant par le menu les horreurs commises dans cette ville, Chrysoula Zacharopoulou débarque à Ouagadougou. Inconnue des Français, elle n'en est pas moins alors secrétaire d'État chargée du développement, de la francophonie et des partenariats internationaux. D'origine grecque, gynécologue spécialiste de l'endométriose, elle fut, pendant trois ans, députée européenne de la République en marche. Hormis avoir siégé comme vice-présidente de la Commission développement à Bruxelles, elle ne peut se prévaloir d'aucune compétence pour tous les

---

121. https://www.iveris.eu/list/notes/558-le_burkina_faso_flirte_avec_le_bord_du_precipice

titres qui lui sont conférés, y compris pour celui de la francophonie. Elle s'exprime avec un fort accent grec et multiplie les fautes grammaticales et de syntaxe. Lorsqu'ils l'écoutent, les Africains francophones, très attachés à la belle langue française, ne se moquent même pas. Ils restent cois, partagés entre abattement et tristesse. Mais elle est là, au Burkina, elle s'est entichée de l'Afrique et a la confiance du président français.

Chrysoula Zacharopoulou a donc été envoyée par Emmanuel Macron pour rencontrer Ibrahim Traoré afin de « réaffirmer l'engagement de Paris auprès de Ouagadougou dans un contexte de relations dégradées ». Tel était l'objectif de sa mission décrite par le Quai d'Orsay en amont de son voyage[122]. En clair, elle était venue tenter d'éteindre l'incendie diplomatique entre les deux États, après que le gouvernement burkinabè a demandé le remplacement de l'ambassadeur de France, Luc Hallade. La secrétaire d'État a donc profité de cette brève visite pour donner le ton de ce qui semblait être une toute nouvelle doctrine de la France en Afrique : la modestie. Lors de sa conférence de presse, elle déclara : « La France est en mesure de faire moins ou de faire plus, elle est aussi et surtout capable de faire différemment, dans l'écoute, le respect, l'humilité. »[123] Puis elle ajouta : « La France n'impose rien, elle est disponible pour inventer un avenir ensemble ». La peur que le Burkina Faso ne tombe dans l'escarcelle de l'ours russe produit parfois des effets

---

122. https://www.diplomatie.gouv.fr/fr/dossiers-pays/burkina-faso/evenements/article/burkina-faso-deplacement-de-chrysoula-zacharopoulou-10-01-23
123. https://www.vie-publique.fr/discours/287853-chrysoula-zacharopoulou-10012023-france-burkina-faso

surprenants. En ce 10 décembre 2022, journée annuelle des droits de l'homme, elle n'eut pas un mot pour les familles des victimes de Nouna, pas de condoléances non plus à l'endroit des Burkinabè endeuillés. Était-ce pour ne pas fâcher son hôte ou parce qu'elle n'en avait pas connaissance ? Si la première hypothèse est juste, la deuxième l'est encore plus. Selon un journaliste présent à cette conférence, elle fut incapable de répondre à une question sur les VDP, dont elle paraissait ignorer l'existence.

La séquence humilité-modestie de la secrétaire d'État à la francophonie n'aura été d'aucune utilité, comme le dit l'adage, «la peur n'évite pas le danger». Quinze jours après sa visite, le gouvernement[124] burkinabè annonçait la rupture des accords militaires avec la France. Trois semaines plus tard, les mêmes autorités déclaraient la fin de l'opération Sabre. Le 18 février 2023, lors d'une cérémonie solennelle, les forces spéciales françaises descendaient les drapeaux qui flottaient depuis quinze ans sur leur base de Kamboisin.

____

124. https://www.lemonde.fr/afrique/article/2023/01/25/la-france-va-retirer-ses-soldats-du-burkina-faso-dans-un-delai-d-un-mois_6159295_3212.html

Chapitre X
Niger : la chute finale

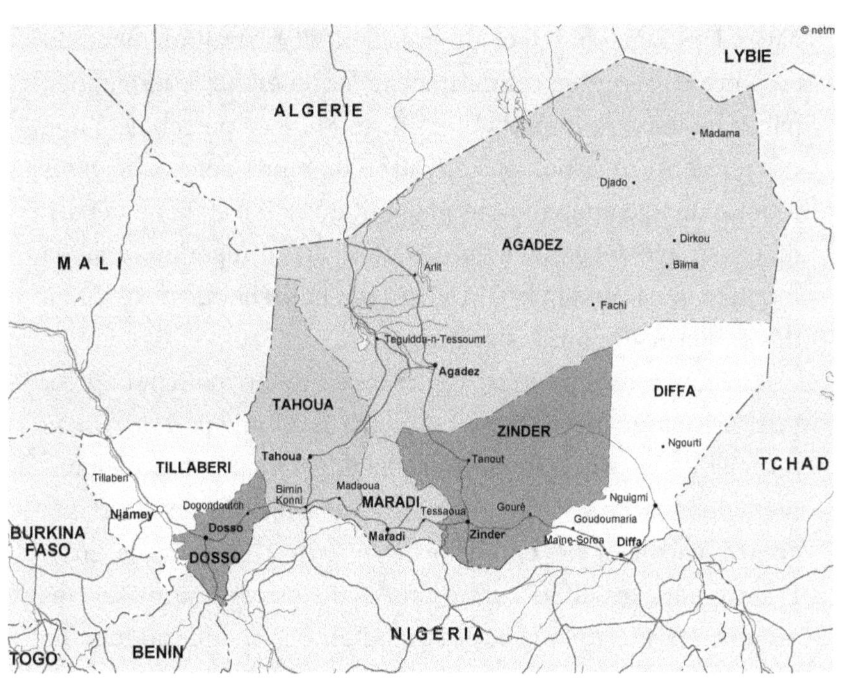

Niger : la chute finale

Cinq mois plus tard, 26 juillet 2023, Niamey nouveau coup d'État, pas de tir, pas d'affrontement, ni mort ni blessé... Il a suffi que le chef de la garde présidentielle retienne Mohamed Bazoum dans son palais, situé au centre du camp de la garde, et l'affaire était jouée[125]. Dans la foulée, le patron de ladite garde, le général Abdourahamane Tchiani, est rejoint par l'armée de l'air, puis par tous les autres corps habillés, y compris les pompiers. 24 heures plus tard naissait le Conseil national pour la sauvegarde de la patrie (CNSP). Le ralliement de toutes ces unités a été réalisé en un temps record. Il a constitué le premier signal fort qui aurait dû, a minima, faire réfléchir les partenaires du Niger. Dès lors, « le retour du président démocratiquement élu au pouvoir », comme ces derniers ne cessaient de le demander, paraît hautement improbable. L'histoire de ce putsch est l'une des plus absurdes, non pas en raison du mode opératoire, mais à cause de ses répercussions géopolitiques. Il n'était, au départ, qu'un simple règlement de comptes nigéro-nigérien, mais la manière dont Paris et la CEDEAO l'ont appréhendé a conduit à des bouleversements historiques.

La France avait pourtant toutes les cartes en main pour gérer cette crise avec précaution et diplomatie. D'une part, le niveau du rejet de la politique française au Sahel était connu, notamment dans ce pays. Il avait pu être évalué lors de la manifestation contre le convoi de Barkhane à Téra, le 27 novembre 2021. D'autre part, les effets contre-productifs des sanctions sévères avaient été mesurés avec les gigantesques manifestations de

---

125. Voir annexe Niger.

janvier 2022, à Bamako et dans toutes les grandes villes du Mali, qui avaient suivi les décisions de la CEDEAO. Enfin, la défiance des alliés de la France dans sa gestion des affaires africaines s'était également déjà exprimée. Non seulement Paris a fait fi de tous ces enseignements-là, mais il a ajouté un nouvel ingrédient explosif : la menace de participer à une intervention militaire contre le Niger.

Pour comprendre comment a fonctionné l'exécutif, il paraît utile de rappeler qui était au front à cette époque. Du 24 au 28 juillet, le président français, la ministre des Affaires étrangères et le ministre des Armées effectuent une tournée dans le Pacifique, en Nouvelle-Calédonie, au Vanuatu, en Papouasie Nouvelle-Guinée. Compte tenu des déplacements et du décalage horaire, les réactions sont lentes. Pendant la période cruciale du mois d'août 2023 où toutes les décisions déterminantes seront prises, Emmanuel Macron, en vacances au fort de Brégançon, et, dans l'ombre, le secrétaire général de l'Élysée, Alexis Koehler, sont seuls en première ligne. En effet, le 1er août 2023, Franck Paris, le conseiller Afrique du président s'envole vers l'Asie, en devenant le représentant de la France à Taiwan. Son adjointe, Nadège Chouat, ancienne conseillère culturelle à l'ambassade de France à Bamako, assure l'intérim. Elle n'a jamais été en responsabilité lors d'une crise. Christophe Bigot, le directeur Afrique et océan Indien au Quai d'Orsay, qui dès les premiers jours du coup d'État ne se montre pas en phase avec la ligne dure défendue par l'Élysée, prend ses congés. Catherine Colonna assure le service après-vente de la présidence.

L'ambassadeur de France à Niamey, Sylvain Itté, arrivé à ce poste en septembre 2022, est un diplomate atypique. Auparavant, il était envoyé spécial pour la diplomatie publique, une fonction créée, sur le modèle américain, en octobre 2020. Une sorte de combattant 2.0 «pour soutenir la politique étrangère de la France et promouvoir ses intérêts nationaux»[126] sur les réseaux sociaux. À ce titre, il a affronté les panafricanistes avec son clavier sans toujours bien mesurer ses propos. Il a ensuite été interdit de s'exprimer sur ces médias en raison des polémiques qu'il avait suscitées[127]. À plusieurs reprises, il avait provoqué la colère de la jeune génération, qui représente tout de même près de 70 % de la population de ce pays[128].

Dès le début de la crise, la France adopte une position rigide. Elle ne bougera pas de cette ligne pendant deux mois, aidée en cela par le chef de l'État déchu, qui refuse de démissionner. Pour la première fois, lors de ce sixième coup d'État en Afrique de l'Ouest, Paris exige en le répétant comme un mantra: «le retour du président démocratiquement élu». L'injonction autant que la formule irrite les Nigériens, qui considèrent l'élection présidentielle de 2021 comme la plus frauduleuse de leur histoire. Ce scrutin n'avait été, en réalité, qu'une passation de pouvoir entre l'ancien président Mahamadou Issoufou, qui ne pouvait pas se représenter à un troisième mandat, et son allié et ami de

---

126. https://www.diplomatie.gouv.fr/fr/le-ministere-et-son-reseau/les-metiers-de-la-diplomatie/un-reseau-diplomatique-essentiel-a-la-politique-etrangere-de-la-france/
127. Il avait notamment écrit sur X: https://twitter.com/SylvainItte/status/162 4048709242609667?lang=fr
128. 69 % des Nigériens ont moins de 25 ans.

trente ans. Ce n'est pas la personne de Mohamed Bazoum qui est rejetée, l'homme est plutôt sympathique, ne maniant pas la langue de bois, mais le système auquel il appartient : celui de l'ex-chef d'État et de son parti qui ont pris le pays en otage depuis plus d'une décennie.

Tous les partenaires du Niger ont néanmoins entretenu le mythe d'un « exemple démocratique ». Josep Borrel, Haut représentant de l'Union européenne pour les affaires étrangères, a même salué « le processus démocratique historique »[129]. Tous ont encensé les deux dirigeants et ont également entretenu la fable d'un État bien géré. Pourtant, pendant qu'une petite élite cooptée s'enrichissait sur les richesses minières et pétrolières, le développement du pays stagnait[130]. Nonobstant ces faits, Mahamadou Issoufou a non seulement été adoubé comme un grand démocrate, mais aussi comme un bon gestionnaire. En 2022, il a reçu le prix Mo Ibrahim, prestigieuse récompense pour sa bonne gouvernance, malgré les scandales de corruption exposés sur la place publique[131]. Il est, par ailleurs, fort probable que la

---

129. Josep Borrell, Haut représentant de l'UE pour les Affaires étrangères déclarait en mars 2021 : « Les Nigériennes et les Nigériens [..] ont mené à terme un processus démocratique historique qui constitue une étape décisive pour la consolidation de la démocratie dans leur pays. »
130. Le Niger est le 187e pays le plus pauvre du monde sur 189. Au cours de l'année 2021, il a gagné deux places dans le dernier classement d'indice de développement humain. Mais ce n'est dû qu'à un effet d'optique, les indices de tous les pays les pauvres ayant reculé. Selon les données de la Banque mondiale, en 2021, seuls 18,6 % de la population bénéficiaient d'un accès à l'électricité et seulement 9,1 % en zone rurale. En douze années, ces chiffres n'ont augmenté que d'un très faible 4 %.
131. On peut citer à titre d'exemple, le scandale de l'Uraniumgate ou celui des contrats du ministère de la Défense, 116 millions d'euros détournés en trois ans.

prédation soit à l'origine du coup d'État du 26 juillet. Le nouvel homme fort du Niger, Abdourahamane Tchiani était son homme de confiance. Ce général a-t-il agi, au départ, pour le compte de Mahamadou Issoufou ? Au Niger, c'est la thèse la mieux partagée à la fois par les inconditionnels de Mohamed Bazoum et par ses détracteurs. L'ambassadeur Sylvain Itté en convient d'ailleurs lors d'une audition devant les députés de la Commission défense en novembre 2023. Curieusement, cette audition enregistrée à huis clos, qui n'est donc pas censée être publique, a été publiée trois mois plus tard sur le site de l'Assemblée nationale. Dès sa parution, l'ancien président nigérien a chargé ses avocats de déposer une plainte contre l'ambassadeur de France[132], étrange retournement de l'histoire où le meilleur des alliés se révolte contre ses anciens protecteurs. Toujours selon cette thèse, l'ex-président souhaitait reprendre la main au moment où l'argent du pétrole s'apprêtait à couler à flots avec la mise en service de l'oléoduc entre le Niger et le Bénin pour exporter le pétrole brut. Les ralliements de tous les corps d'armée ont contrecarré les plans initiaux des deux principaux protagonistes.

La bonne relation de tous les partenaires du Niger avec les deux dirigeants socialistes, l'ancien et le nouveau, la fiction de « l'exemple démocratique » n'ont pas non plus permis d'anticiper les événements, puisque tout allait bien dans le meilleur des mondes. Par conséquent, et malgré leurs relations étroites

---

132. https://www.lemonde.fr/afrique/article/2024/02/22/niger-l-ex-president-mahamadou-issoufou-compte-porter-plainte-contre-l-ambassadeur-de-france_6217941_3212.html?lmd_medium=al&lmd_campaign=envoye-par-appli&lmd_creation=ios&lmd_source=twitter

avec l'armée nigérienne, aucun Occidental n'a rien vu venir. Les Américains, installés militairement depuis 2012, qui disposent de plus d'un millier d'hommes à Agadez, dans l'une des plus grandes bases de drones du continent, à Niamey et à Dirkou, dans la base de la CIA, n'ont rien anticipé. Pas plus que les Italiens et les Allemands qui avaient, eux aussi, des militaires sur place. Pourtant, un putsch au Niger « n'est pas une surprise, mais une probabilité statistique », comme l'a écrit le chercheur nigérien Rhamane Idrissa. La dernière tentative avait eu lieu deux jours avant l'investiture de Mohamed Bazoum ! Selon le *Canard enchaîné*, Emmanuel Macron se serait, une nouvelle fois, emporté contre les services de renseignement, « le Niger après le Mali, ça fait beaucoup », aurait-il tonné. Néanmoins, la réalité est plus complexe. Selon une source militaire, l'attaché de défense de l'ambassade de France à Niamey a alerté, mais ses avertissements n'ont pas été exploités. Cela corrobore les informations du journaliste Georges Malbrunot qui rapporte, lui, des propos d'agents des renseignements[133] : « Quelques heures avant le coup d'État, la DGSE a conseillé au pouvoir français d'installer des membres des forces spéciales au palais présidentiel à Niamey, mais la réponse a été non. » Pour quelles raisons l'exécutif aurait-il pris cette décision ? « Ça va être inter-prété comme du colonialisme. On ne peut pas rester dans la Françafrique », expliquent lesdits agents. Compte tenu des précédents et de la suite de l'histoire, cette réponse est surpre-nante, en même temps... Quoi qu'il en soit, ce putsch aura tout

---

133. https://frontpopulaire.fr/international/contents/putsch-au-niger-macron-et-la-dgse-se-tirent-entre-les-pattes_tco_23725996

de même fait deux victimes expiatoires, Christophe Bigot[134] le directeur Afrique du Quai d'Orsay et Bernard Émié[135], le patron de la DGSE, tous deux remerciés à la fin de l'année 2023, suite aux « ratés » dans la crise nigérienne.

En attendant, le putsch est « consommé », selon l'expression populaire en Afrique francophone. Dans toute l'histoire des coups d'État sur le continent, et les exemples ne manquent pas, jamais un président n'a réussi à retrouver son fauteuil 48 h après avoir été défait. Cela est encore plus incertain lorsque toute l'armée valide le coup d'État.

Cependant, ni la France ni la CEDEAO ne comptent en rester là. Les chefs d'État africains les plus enclins à défendre Mohamed Bazoum veulent un exemple pour en finir avec cette « épidémie » de coups d'État. Certains craignent aussi pour leur propre sort. Bola Tinubu, le chef de l'État nigérian, nouvellement élu et président en exercice de la CEDEAO, cherche, lui, à asseoir son autorité. Tous redoutent une « régionale des treillis ». Quant à l'Élysée, il tremble à l'idée de perdre sa meilleure carte, celle qui lui a permis de garder un pied au Sahel et d'amortir l'échec malien. La peur n'évitant pas le danger...

Le 30 juillet, quatre jours après le coup d'État, le couperet tombe. Réunie à Abuja au Nigéria, la CEDEAO annonce une série de sanctions, les plus sévères jamais imposées à un État

---

134. https://www.africaintelligence.fr/afrique-ouest/2023/12/15/le-directeur-afrique-du-quai-d-orsay-victime-collaterale-du-putsch-au-niger,110119620-art
135. https://www.lopinion.fr/politique/services-secrets-bernard-emie-le-directeur-de-la-dgse-sur-le-depart

membre. L'organisation a décidé : la fermeture des frontières avec le Niger ; la suspension des transactions financières ; le gel des avoirs du pays dans les banques étrangères. Contrairement au Mali où les denrées alimentaires, l'électricité et les produits pétroliers avaient été exclus du blocus, Niamey ne bénéficie d'aucune exemption. Dans le même temps, le Nigéria, qui fournit 70 % de l'électricité au Niger, a déconnecté sa ligne haute tension à la demande de Mohamed Bazoum. Comment est-il possible d'infliger des mesures aussi drastiques dans un pays enclavé dépendant de l'accès à l'océan pour ses approvisionnements ? L'organisation sous-régionale ne se contente pas de ces punitions-là, elle enfonce le clou en lançant un ultimatum. Si, dans un délai d'une semaine, le président déchu n'est pas réintégré dans ses fonctions, la junte s'expose à une intervention militaire. Une bonne guerre, tout ce dont les Sahéliens ont besoin ! Dangereuse, inconséquente, irréaliste, surréaliste, cette menace accumule les fautes. Les États membres de la CEDEAO jettent de l'huile sur une région déjà en proie aux flammes. Des pays, qui n'ont jamais aidé de quelque manière que ce soit leurs voisins dans la lutte contre le terrorisme, entreraient en conflit pour un coup d'État ; ils s'apprêteraient à ouvrir le feu sur un pays déjà en guerre sur deux fronts, Boko Haram au sud-est et l'État islamique dans la zone des « trois frontières ». Français et Américains, sans l'appui desquels cette opération ne pourrait se mener, ajouteraient de l'insécurité dans une région qu'ils tentent pourtant de pacifier, sans y parvenir, depuis plus de dix ans. Sans compter qu'au premier coup de feu, la vie de Mohamed Bazoum, leur atout dans la région, serait menacée. Cerise sur le gâteau, toutes ces fautes seraient commises à cause d'un putsch fomenté par leur meilleur allié, Mahamadou Issoufou, «l'exemple de démocratie», le lauréat du prix Mo Ibrahim!

À partir de cette menace d'intervention militaire, le train a déraillé.

C'était écrit sur le mur: des sanctions aussi douloureuses assorties d'une menace de guerre provoquent des réactions patriotiques immédiates. Par dizaines de milliers, les Nigériens manifestent leur soutien à la junte, drapeau à la main. À Niamey, des comités de quartier se créent pour être prêts à la moindre alerte. En moins d'une semaine, le rapport de force a changé, les nouvelles autorités peuvent se prévaloir désormais d'une vraie légitimité populaire. Grâce à ce soutien, elles se préparent à toute éventualité, restent droites dans leurs bottes et prennent l'initiative. Elles bénéficient en plus de la solidarité des juntes malienne et burkinabè, qui annoncent que toute intervention armée contre le Niger serait considérée comme une déclaration de guerre à leurs deux pays[136]. Le Guinéen Mamadi Doumbouya, partagé entre la solidarité avec l'axe des treillis et ses soutiens occidentaux, adopte une position neutre. Envoyé en médiateur, le Tchadien Mahamat Déby fait le service minimum et prône une solution pacifique. Selon un militaire nigérien, il s'étonne devant ses interlocuteurs: «Je ne comprends pas tous les problèmes que vous avez, alors que vous avez fait un coup d'*État* humanitaire, sans mort ni blessé.»

---

136. https://www.lefigaro.fr/international/niger-les-putschistes-denoncent-des-accords-militaires-conclus-avec-la-france-20230804

La France, soupçonnée à raison de tenir la main du camp des durs de la CEDEAO qui a, la veille, suspendu sa coopération et son appui budgétaire au Niger, est prise à partie. Des manifestations d'ampleur ont lieu devant l'ambassade de France. Lors de son audition à l'Assemblée nationale, le diplomate Sylvain Itté compare les échauffourées qui ont eu lieu ce jour-là à l'attaque contre l'ambassade américaine à Téhéran en 1979. Une métaphore très osée : à Niamey, il n'y a pas eu de prise d'otages, mais seulement quelques projectiles lancés et des drapeaux brûlés, auxquels ont répondu des tirs de gaz lacrymogène. Emmanuel Macron prévient qu'il « ne tolérera aucune attaque contre la France et ses intérêts [...] Paris répliquera de manière immédiate et intraitable »[137].

Contrairement à celles du Mali, du Burkina Faso ou de la Guinée, la junte nigérienne n'est pas composée de jeunes capitaines ou colonels, mais de généraux sexagénaires, pour la plupart formés à l'étranger. D'une part, ce coup d'État n'a ni déstructuré ni fragilisé l'armée, au contraire ; d'autre part, les militaires au pouvoir ne sont pas tombés de la dernière pluie. Ils savent qu'une attaque contre une emprise française provoquerait immédiatement une riposte légale. Dès lors, ils sont extrêmement vigilants et les incidents comme ceux qui ont eu lieu devant l'ambassade de France ne se reproduiront plus.

Selon une diplomate européenne, l'Élysée parie sur des dissensions entre putschistes. Cela n'arrivera pas tant qu'ils traversent une zone de turbulences et de menaces. Comme au

---

137. https://www.bfmtv.com/international/niger-emmanuel-macron-ne-tole-rera-aucune-attaque-contre-la-france-et-ses-interets_AD-202307300206.html

Niger : la chute finale

Mali, les hommes en treillis savent que leur salut et leur longévité passent par leur unité. L'exécutif français place également ses espoirs dans une pseudo rébellion animée par un ancien chef rebelle touareg nigérien, Rhissa Ag Boula. Malgré l'importante couverture médiatique dont bénéficie cette aventure indigente, l'affaire tourne au flop[138]. Il fallait être profane pour y croire. Installé depuis plus d'une décennie sous les lambris du pouvoir, sans base, sans légitimité, l'homme est depuis longtemps démonétisé.

D'autres histoires ont circulé autour de plusieurs tentatives d'opérations spéciales menées par les Français pour extraire Mohamed Bazoum du palais dans lequel il était retenu. Il est néanmoins difficile de démêler le vrai du faux, certains contacts en attestent, d'autres réfutent. Il est plus sage de ne pas s'aventurer sur ces terrains glissants, même si parfois certains récits sont convaincants. Une chose est néanmoins certaine, la junte se méfie, car 1 500 soldats français sont présents au Niger.

Le 3 août, trois jours avant la fin de l'ultimatum fixé par Abuja, Niamey dénonce les accords de coopération avec la France dans le domaine de la sécurité et de la défense[139]. Selon ces textes, les militaires français doivent quitter le Niger dans un délai d'un mois. Le lendemain, le Quai d'Orsay réagit : « La France rappelle que le cadre juridique de sa coopération avec le Niger en matière de défense repose sur des accords qui ont

---

138. https://www.france24.com/fr/afrique/20230810-qui-est-rhissa-ag-boula-l-ancien-chef-rebelle-qui-s-oppose-%C3%A0-la-junte-au-niger
139. https://www.francetvinfo.fr/replay-jt/france-2/13-heures/niger-la-junte-demande-le-depart-des-militaires-francais_5989595.html

été conclus avec les autorités nigériennes légitimes. »[140] En clair, Paris n'acceptera pas les injonctions d'une junte illégitime. Les militaires français restent. Le bras de fer entre les deux capitales s'installe dans la durée.

Le 6 août, l'ultimatum de la CEDEAO a expiré, la junte n'a rien lâché, Mohamed Bazoum est toujours otage en son palais et rien ne s'est produit. Tous ceux, et ils étaient nombreux, qui s'inquiétaient à l'idée d'un nouveau conflit dans le Sahel, se prennent à espérer que l'impensable n'adviendra pas. Le 10 août, la CEDEAO remet l'intervention militaire sur le tapis... Le Quai d'Orsay s'empresse de l'adouber en soutenant « l'ensemble des conclusions adoptées ». Pour le coup, pas « d'ambiguïté stratégique », un concept cher au président français. Paris est prêt à faire la guerre. C'était sans compter sur ses alliés...

Le même jour, les États-Unis ont dépêché à Niamey un poids lourd de leur diplomatie, Victoria Nuland, sous-secrétaire d'État pour les Affaires politiques. Compte tenu de ses intérêts dans la région, il n'est pas étonnant que Washington envoie cette fille spirituelle de Madeleine Albright, principale instigatrice de la révolution de 2014 en Ukraine[141]. Pour les États-Unis, le Niger, plus grand bénéficiaire de l'assistance militaire américaine en

---

140. https://www.liberation.fr/international/afrique/niger-pour-paris-seules-les-autorites-legitimes-peuvent-rompre-la-cooperation-militaire-avec-la-france-20230804_BMRICLDZYZDJJL6T5KKBW47IVE/
141. Victoria Nuland est effectivement célèbre pour avoir organisé le changement de régime à Kiev en 2014. Les images de Victoria Nuland distribuant des petits pains en haranguant les manifestants de la place Maïdan restent dans l'histoire. Son « *Fuck the EU* », prononcé à la même époque lors d'une conversation avec l'ambassadeur américain en Ukraine, lui colle également à la peau.

Niger : la chute finale

Afrique de l'Ouest, est éminemment stratégique. Leurs bases dans le pays leur permettent de surveiller toute cette vaste région, notamment la Libye. Leur champ d'action est par ailleurs beaucoup plus large. Lors de la guerre à Gaza, des experts militaires ont indiqué que des drones MQ-9 Reaper partis de Dirkou dans le nord-est ont été déployés au-dessus de l'enclave palestinienne. Leurs bases dans le pays leur permettent de surveiller un immense espace comprenant l'Algérie, le Tchad, la Libye, une partie de la Tunisie et au Sud une partie du golfe de Guinée. La place est également importante d'un point de vue politique, en la gardant sous influence occidentale. En outre, ce pays était aussi dans la liste de ceux d'Afrique subsaharienne sous pression pour signer les accords d'Abraham, des accords de normalisation des relations avec Israël, à l'instar de la Mauritanie, de la Libye, du Soudan et du Tchad. Cette norma-lisation, obsession de l'administration de Trump, est devenue celle de l'administration Biden. En mars 2023, le secrétaire d'État Anthony Blinken s'était rendu à Niamey pour persuader Mohamed Bazoum de rétablir les liens avec Tel-Aviv, rompus en 2002 après la deuxième intifada[142]. C'était en bonne voie avant le coup d'État et la guerre à Gaza. C'est dire toute l'importance que revêt la visite de Victoria Nuland dans la capitale nigérienne à ce moment de l'histoire.

Avant de se rendre à Niamey, elle fait une escale à Pretoria. Visiblement, le coup d'État du Niger a déstabilisé la dame de fer. Un responsable sud-africain rapporte au journal en ligne

---

142. https://thecradle.co/articles-id/647

The Grayzone[143] : « En plus de 20 ans de collaboration avec les Américains, je ne les ai jamais vus aussi désespérés. » Et le même dirigeant de la décrire « totalement prise au dépourvu », demandant de l'aide pour circonscrire le tsunami de changements qui submergent la région et pour faire reculer les auteurs du putsch.

Une fois arrivée dans la capitale nigérienne, Victoria Nuland s'attable pendant deux heures avec les putschistes. Celui qui est devenu le président de la transition, Abdourahamane Tchiani, n'est pas présent. Les discussions se déroulent avec le général Salaou Barmou, ancien patron des forces spéciales, nouveau chef d'état-major de la junte. Formé aux États-Unis, à Fort Moore et à l'université de Défense nationale, Barmou, est « leur type », « leur gars », « leur atout » dans le pays. À l'occasion de cette rencontre, le *Wall Street Journal*[144] lui consacre une pleine page dithyrambique. Nul besoin d'être une mouche dans la pièce pour connaître les sujets abordés. Les États-Unis ont deux préoccupations majeures. La première, garder leurs bases, hors de question de s'en aller… La seconde se devine aisément : ne pas ouvrir la porte à l'Ours. Sauf que si, incontestablement, Salaou Barmou pèse au sein des nouvelles autorités, il n'est pas seul. Un autre homme compte, le général Salifou Modi, ministre de la Défense, très respecté par toute l'armée, qui, lui, penche plutôt pour une coopération avec la Russie. Ce point ne sera pas tranché lors de cette visite. Les Nigériens se sont néanmoins bien débrouillés,

---

143. https://thegrayzone.com/2023/08/29/niger-coup-victoria-nuland-africa-tour/
144. https://www.wsj.com/articles/niger-coup-us-trained-general-65b5ecd6

Niger : la chute finale

selon une source sécuritaire dans le pays, ils ont réussi à doubler le montant des loyers des bases américaines !

Au cours de cette « discussion franche et difficile », comme le souligne le compte-rendu du département d'État, il n'a pas été question de « réinstaller dans ses fonctions le président démocratiquement élu ». Un véritable camouflet pour Paris, qui en a fait sa seule priorité. Quelques jours plus tôt, Catherine Colonna se félicitait de « son unité de vue » avec Washington. Apparemment, ce n'était pas réciproque[145]. Et ce n'est pas l'unique humiliation... Par sa seule présence à la table des putschistes, Victoria Nuland a signifié à la diplomatie française que, dans ce cas précis, les États-Unis prônaient le dialogue plutôt que la manière forte. Étrange renversement des rôles où les États-Unis jouent les colombes. Si ce n'est pas inédit dans l'histoire récente, cette date est néanmoins à marquer d'une pierre blanche - en 2013, François Hollande avait voulu bombarder la Syrie, mais Britanniques et Américains n'avaient pas suivi. Dans le langage fleuri de cette diplomate, l'autre message envoyé à l'Élysée pourrait se résumer ainsi : « Si on laisse les mangeurs de grenouilles gérer cette affaire, ils vont nous amener Wagner ! »

Quatre jours seulement après cette visite, le département d'État inflige un affront supplémentaire à Paris. Le conseiller d'Anthony Blinken, Derek Chollet, reçoit, à Washington,

---

145. https://www.iveris.eu/list/notes/573-au_niger_la_france_lachee_par_ses_allies#:~:text=La%20crise%20au%20Niger%20rythme,%C3%A9t%C3%A9%20un%20des%20temps%20forts

le ministre algérien des Affaires étrangères[146]. Lors de cet entretien, tous deux évoquent les efforts des deux pays pour renforcer «les chances d'un règlement pacifique de la crise.» Une preuve de plus de la mise hors-jeu de la France dans la résolution de ladite crise. Dès le premier jour, l'Algérie s'était vivement opposée à toute intervention militaire. Ce pays partage presque 1 000 km de frontières avec le Niger, avec les conflits que connaissent ses voisins malien et libyen, sans compter sa difficile relation avec le Maroc, une nouvelle désta-bilisation eût été celle de trop.

Rome et Berlin s'engouffrent dans la brèche ouverte par les Américains, se dissociant ainsi de la posture intransigeante d'Emmanuel Macron. L'Italie, qui cherche à exercer une plus grande influence en Afrique, et qui a, en outre, des intérêts stratégiques dans la région, notamment le pétrole en Libye et les questions migratoires, tape dur. Son ministre des Affaires étrangères, Antonio Tajani[147], lance: «L'Europe ne peut pas se permettre un affrontement armé, nous ne devons pas être vus comme de nouveaux colonisateurs. Au contraire, nous devons créer une nouvelle alliance avec les pays africains, qui ne soit pas basée sur l'exploitation. Nous devons reporter l'option de la guerre le plus possible.» L'Allemagne, plus modérée, frappe néanmoins au point sensible en indiquant sobrement «privilé-

146. https://www.aps.dz/algerie/159181-m-attaf-rencontre-a-washington-des-responsables-americains-de-haut-niveau
147. https://www.lefigaro.fr/international/niger-une-delegation-offi-cielle-conjointe-du-mali-et-du-burkina-faso-envoyee-a-niamey-en-solida-rite-20230807

gier la médiation »[148]. Par ailleurs, aucun de ses « alliés » ne s'est exprimé sur le départ des troupes françaises, demandé par les militaires au pouvoir à Niamey. Pas un geste de solidarité, pas un ne reprend l'argument de Paris sur l'illégitimité de la décision. Pas de grandes déclarations non plus autour du rôle de la France dans la lutte contre le terrorisme, dans la protection de la frontière sud de l'Europe, de l'immigration, autant d'arguments pourtant assénés depuis des années. En janvier 2024, le journaliste Pascal Airault révélait dans *L'Opinion*[149] que l'Allemagne avait refusé de livrer des poches de sang aux militaires français bloqués dans leurs bases, sans avoir reçu au préalable un accord de la junte. Une mesquinerie qui en dit long sur la solidarité européenne...

Très vite également sont apparues des divergences au sein de la CEDEAO, entre le camp des raisonnables et celui des va-t-en-guerre. Si seul le Cap-Vert a publiquement annoncé son opposition à un conflit, il n'est très vite resté dans le camp des durs que le Nigéria, la Côte d'Ivoire, le Bénin et, dans une moindre mesure, le Sénégal et le Ghana. Puis Abuja a assoupli sa position. Le président nigérian, Bola Tinubu, se trouvait en effet dans une position fort inconfortable. Son sénat avait voté contre cette intervention. Militaires et chefs traditionnels du nord du pays, frontalier avec le Niger, s'opposaient violemment à une guerre contre leurs voisins. Si ces contestations ont

---

148. https://fr.africanews.com/2023/08/07/niger-lallemagne-et-litalie-favorables-a-une-solution-negociee//
149. https://www.lopinion.fr/international/quand-berlin-joue-contre-paris-au-sahel

nécessairement pesé sur la suite de l'histoire, ce n'est pas la raison pour laquelle le président nigérian finira par capituler. D'après un diplomate sahélien, ce sont les pressions américaines qui l'ont obligé à reculer. Sans l'armée la plus puissante d'Afrique de l'Ouest, aucune guerre n'était envisageable, les autres étaient trop petites, trop loin, mal préparées.

Résultat, en douze jours, entre le 30 juillet, date de la première menace d'intervention, et le 10 août, ces intentions belliqueuses ont fracturé la CEDEAO, divisé les Européens, déchiré des alliés dans l'OTAN. Une prouesse ! En prime, pour la première fois, l'Union africaine, qui a pourtant accompagné l'Élysée avec beaucoup de bienveillance pendant toutes ces années, désavoue Paris en s'opposant à sa posture guerrière[150]. La France isolée, contrariée, humiliée, Emmanuel Macron ne lâche rien.

Le 25 août, les autorités du Niger ordonnent le départ de l'ambassadeur Sylvain Itté sous quarante-huit heures. Elles justifient cette demande par son refus de se rendre à une réunion à laquelle il a été convoqué par le Premier ministre. Dans son audition à l'Assemblée nationale, le diplomate ne revient pas sur cet épisode-là et donc n'explique pas ce choix risqué lors de telles tensions entre deux pays. Mais à la lecture de la réaction immédiate du Quai d'Orsay après cette annonce, les raisons apparaissent clairement : « L'agrément de l'ambassadeur émane des seules autorités légitimes nigériennes élues »[151]. Traduction :

---

150. https://www.lemonde.fr/afrique/article/2023/08/16/l-union-africaine-rejette-une-intervention-militaire-au-niger_6185522_3212.html
151. https://www.lemonde.fr/afrique/article/2023/08/25/au-niger-les-militaires-au-pouvoir-exigent-de-l-ambassadeur-qu-il-quitte-le-pays_6186584_3212.html

discuter avec la junte revient à reconnaître son autorité. Bafouant la convention de Vienne[152] qui régit la diplomatie entre États, Paris refuse de rappeler Sylvain Itté. Dès lors, la France se retrouve dans une situation extraordinaire et sans précédent dans l'histoire, avec un ambassadeur claquemuré dans sa chancellerie et des militaires cloîtrés dans leurs bases.

En ce mois d'août 2023, tous les médias internationaux suivent le feuilleton nigérien et tous s'interrogent sur cette posture intraitable. Pourquoi ne donner aucun signe d'apaisement? À cette époque, l'expression «ça va mal finir» est celle qui revient le plus souvent lors de discussions avec des contacts africains et français. Dans l'esprit de ceux qui vivent la crise jour après jour et heure par heure, il ne subsiste plus de doute, les jeux sont faits: les Français devront partir.

Mais Emmanuel Macron croit toujours à la possibilité d'une intervention militaire. Malgré les évidences et contre tous, le 28 août, lors de la conférence annuelle des ambassadeurs, il persiste, signe et justifie sa posture martiale[153]. Une nouvelle fois, il se cache derrière l'organisation sous-régionale «Notre

---

152. https://ndjamenahebdo.net/laffaire-sylvain-itte-une-analyse-juridique/
Selon ces conventions de Vienne, l'agrément d'un ambassadeur n'est pas donné par un président, mais par un État. Mohamed Bazoum n'ayant plus aucun levier, ce sont bien les autorités militaires qui représentent l'État nigérien.
153. https://www.elysee.fr/emmanuel-macron/2023/08/28/conference-des-ambassadrices-et-des-ambassadeurs-le-discours-du-president-emmanuel-macron#:~:text=Les%20anciens%20pr%C3%A9sidents-,Conf%C3%A9rence%20des%20Ambassadrices%20et%20des%20Ambassadeurs,discours%20du%20Pr%C3%A9sident%20Emmanuel%20Macron.&text=Le%20Pr%C3%A9sident%20Emmanuel%20Macron%20a,Conf%C3%A9rence%20des%20ambassadrices%20et%20ambassadeurs

politique est simple: on ne reconnaît pas les putschistes, on soutient un président qui n'a pas démissionné; nous soutenons l'action diplomatique de la CEDEAO et militaire quand elle le décidera. » Au passage, il tacle les alliés, accusés, en sous-texte, de mollesse, tout en s'attribuant un satisfecit: « de Washington, en passant par d'autres capitales européennes, j'ai entendu des voix, j'ai écouté des journaux, j'ai lu des tribunes qui nous expliquaient: n'en faites pas trop, ça devient dangereux. Ça devient dangereux. Non, on doit être clair, cohérent. [...] Donc, je pense que notre politique est la bonne. »

Puis, dans un élan de sincérité, il lâche: « Sinon, qui nous écoutera? Dans quelle capitale africaine, on peut dire qu'on a une politique de partenariat avec un dirigeant si, quand il subit cela, on ne peut pas être en soutien? » Ce soutien à un homme plutôt qu'à un État représente le fondement même de ce que d'aucuns appellent la « Françafrique ». Traduite en français facile, elle signifie: « Quel chef d'État fera appel à nous si nous sommes incapables de garantir son pouvoir? »

Ce discours ravive la colère des Nigériens. Pour le président de la transition Abdouhamane Tchiani, « ces propos constituent une ingérence supplémentaire flagrante. » Le ministre des Armées, Sébastien Lecornu, reprend le flambeau et rejette en bloc le départ des militaires ainsi que celui de l'ambassadeur.

L'ultimatum fixé par la junte pour le départ de l'armée française approche. La veille, le 2 septembre, malgré les sanctions, la cherté du coût de la vie qui en résulte, le manque d'électricité, jeunes, vieux et femmes se relaient par milliers au rond-point de l'Escadrille, à quelques encablures de la base militaire française à Niamey. Ils n'en partiront que lorsque la décision de quitter le pays aura été actée. Ils brandissent des drapeaux nigériens et parfois russes. Selon un journaliste nigérien qui a enquêté, l'ambassadeur de Russie au Mali en payait la confection. Mais, en réalité, pour les manifestants qui brandissent ces fanions, il s'agit plus d'énerver la France que d'appeler la Russie à l'aide. L'histoire de ces étendards offre, par ailleurs, une séquence désopilante. Une journaliste de LCI voulant dénoncer l'ingérence du Kremlin dans la crise nigérienne diffuse un reportage dans lequel un tailleur coud ces bandes blanches, rouges, bleues. Mais surprise, apparaît à l'écran un drapeau français! Stupeurs et bafouillements sur le plateau où personne n'est capable d'interpréter la scène. En réalité, l'homme s'est seulement trompé dans l'agencement des couleurs...

Les images de la base des soldats français ceinturée par une foule en colère tournent sur toutes les télévisions de la planète. Elles sont dévastatrices. Cela fait plus d'un mois que les militaires vivent de rations et d'inaction, les conditions se font de plus en plus drastiques. Les Américains, dont le camp côtoie celui des Français, craignent un dérapage; ils se délocalisent sur leur base d'Agadez, laissant leurs alliés seuls. Les jours passent, les esprits s'échauffent, mais les militaires au pouvoir restent toujours vigilants et préviennent tout débordement. Les Nigériens ne lâchent rien. Emmanuel Macron doit se rendre à l'évidence : sans, a minima, le paravent de la CEDEAO, la France ne peut intervenir militairement. Impossible donc de réintroniser Mohamed Bazoum, toujours otage dans son palais, au milieu de la garde présidentielle d'Abdourahamane Tchiani.

Le 24 septembre, Emmanuel Macron accorde une interview à TF1 et France 2[154]. Pour ne pas aller à Canossa, il jette l'éponge au milieu d'un nouvel entretien fourre-tout où tous les sujets, inflation, écologie, migration, Charles III et le Pape François sont au menu. Il finit par annoncer le rapatriement de Sylvain Itté et des soldats. Les militaires français auront bu le calice jusqu'à la lie pour en arriver à ce que tous les observateurs sérieux savaient depuis un mois et demi. Ils partent dans les pires conditions. À la surveillance des militaires nigériens, à l'hostilité de la foule, ils doivent ajouter l'inconséquence et la crédulité confondante de certains spécialistes. Toujours sur LCI, un ex-agent de la DGSE[155], devenu romancier, déclare tout à fait sérieusement : « Notre ambassadeur et notre contingent n'étant plus otages au Niger, en quelque sorte, dans cette position de Fort Alamo, nous aurons peut-être plus de latitude pour monter des opérations de déstabilisation, cette fois-ci plus clandestines ». Pour tous les Africains de l'Ouest qui ont visionné la séquence des centaines de milliers de fois, l'ex-espion n'est pas un quidam qui parle en son nom, il s'exprime au nom de la France. Dans le climat de suspicion, il n'en fallait pas plus.

La junte nigérienne, qui craignait déjà un coup de Trafalgar, se trouve confortée par les propos dudit « expert ». Elle interdit aux militaires français de passer par le Bénin, l'un des pays les plus vindicatifs à son endroit, où l'armée française compte quelques moyens. Ils doivent traverser 1 500 km de désert pour

---

154. https://www.lefigaro.fr/international/crise-au-niger-les-soldats-fran-cais-amorcent-leur-retrait-dans-la-semaine-20231005
155. https://www.youtube.com/watch?v=EG_gwnaXq6Q&ab_channel=LCI

se rendre au Tchad, les matériels lourds seront embarqués au port de Kriby au Cameroun. En plus de l'humiliation, ce départ, avec un déménagement logistique en un temps record, trois mois, a coûté « un pognon de dingue ».

Fin décembre 2023, tous les soldats français avaient quitté le Niger. La France avait pourtant toutes les cartes en main pour éviter cette nouvelle défaite-là...

Chapitre XI
Quand l'histoire s'écrit sans la France

La défaite politique de la France au Niger illustre la méthode Macron. Décider seul, tenir, quoi qu'il en coûte, contre tous, contre l'histoire, contre vents et marées, contre les évidences. Puis, finir par jeter l'éponge et faire comme si rien ne s'était passé ; comme si les soldats cloîtrés et l'ambassadeur claquemuré n'avaient jamais existé ; comme si les militaires français n'avaient pas été contraints de partir. Le président français se retourne rarement sur ses échecs, le franc CFA, Takuba, le *new deal*, le Mali, etc. Néanmoins, pour les événements d'août 2023, il a fait une exception pour louer sa perspicacité : « En Afrique, les reconfigurations que j'avais décidées en février 2023 ont vu leur nécessité confirmée par le putsch de cet été au Niger », a-t-il déclaré lors de ses derniers vœux aux armées[156].

En réalité, les réflexions autour des remodelages, redimensionnements dans les pays où la France est encore présente

------

156. Https://www.elysee.fr/emmanuel-macron/2024/01/19/voeux-aux-armees-du-president-emmanuel-macron-1#:~:text=Mesdames%20et%20Messieurs%20en%20vos,que%20ceux%20qui%20la%20re%C3%A7oivent

militairement – au Gabon, au Sénégal, en Côte d'Ivoire, au Tchad et à Djibouti – ce dernier pays est épargné par cette reconfiguration – ont commencé en novembre 2022. Un an et demi plus tard, sœur Anne ne voit toujours rien venir. Ce sont les mêmes questions, le même manque de cap, de vision. Le 6 février 2024, le président français a créé un nouveau poste, celui d'envoyé personnel en Afrique. En agissant ainsi Emmanuel Macron s'inscrit une nouvelle fois dans une démarche solitaire et en première ligne. Était-ce nécessaire ? Est-ce pertinent ? L'heureux élu se nomme Jean-Marie Bockel, ancien ministre de la Coopération de Nicolas Sarkozy, qui fut remercié à l'époque pour avoir dénoncé la « Françafrique ». Quelles que soient les qualités de cet ancien sénateur, qui a perdu un fils lors de l'opération Barkhane au Mali, que pourra-t-il faire sans boussole ? En outre, cette nomination ignore une fois encore le Quai d'Orsay, et *quid* du rôle du nouveau conseiller Afrique de l'Élysée, Jérémie Robert, entré en fonction en janvier 2024 ? Ce poste sera resté vacant six mois, il est vrai qu'il n'y avait pas urgence ! Selon la feuille de route élyséenne[157], Jean-Marie Bockel dispose de dix-huit mois pour revoir « les formats », « les modalités d'action » en partenariat avec les pays africains concernés, et pour rendre sa copie. Au Sahel, les événements se précipitent en mode turbo comme jamais dans l'histoire de cette région. Au rythme de ces changements, un an et demi, c'est une éternité…

Au Mali, au Burkina Faso et au Niger, tous les ponts avec Paris ont été coupés. De mesures de rétorsion suivies de mesures de réciprocité, il n'y a plus d'ambassadeur dans aucun de ces trois

---

157. https://maroc-diplomatique.net/prodige-de-republique/

pays, plus de coopération, et même plus de vol Air France. Dans ces trois États, pour la première fois depuis la colonisation, l'Élysée doit se contenter de regarder la caravane de l'histoire passer.

Le coup d'État au Niger a également modifié les rapports de force dans le Sahel. En septembre 2023, les trois juntes de Niamey, Bamako et Ouagadougou ont créé un front politico-militaire : l'Alliance des États du Sahel (AES), censé symboliser leur solidarité et leur unité dans la lutte contre les djihadistes. Puis, elles ont créé une force conjointe, une sorte de G5 Sahel à trois, sans les financements européens, mais également sans les contraintes et les pesanteurs administratives.

Le Mali a été le premier à sortir du G5, en mai 2022, suivi ensuite par le Burkina Faso et le Niger. Après le départ de Barkhane, les autorités de Bamako ont méthodiquement détricoté tous les outils concoctés par la France depuis 2013. Un an après leur sortie du G5 Sahel, ils ont demandé et obtenu le départ de la Minusma, qui a plié bagage à la fin de l'année 2023. Dans la foulée, la mission de formation de l'Union européenne, EUTM, s'est, elle aussi, retirée. Pour mener leur guerre contre les djihadistes, les Maliens ne comptent plus que sur les 1 500 à 2 000 mercenaires de Wagner. Bamako a acquis du matériel russe, chinois, turc, des avions et des drones. Ces vecteurs aériens ont été un véritable « *game changer* », pour employer, une fois n'est pas coutume, un anglicisme à la mode. Pour la première fois depuis le début de la guerre, ils maîtrisent leur ciel. Fortes de ces moyens conjugués, les autorités n'ont pas privilégié le dialogue, ni avec les djihadistes ni avec les groupes rebelles touareg et alliés. Elles ont opté pour la seule option militaire. L'armée a réussi à reprendre toutes les bases laissées vacantes par la mission des Nations unies, y compris celles du Nord, disputées à la fois par le JNIM, le groupe de Iyad Ag Ghali, et la Coordination des mouvements de l'Azawad (CMA). En novembre 2023, grâce à Wagner et à sa supériorité aérienne qui ont dissuadé l'ennemi, avec une aide modeste mais réelle des Nigériens et des Burkinabè, elle a repris, sans combattre, le bastion de Kidal, contrôlé par les rebelles touareg depuis 2014. Une victoire en forme de revanche éminemment symbolique.

Le Burkina Faso n'engrange, lui, aucun succès. Il apparaît comme le maillon faible de cette nouvelle alliance. Nonobstant l'aide que l'AES lui apporte dans la région des «trois frontières», ce pays vit une tragédie[158]. Les attaques du JNIM et de l'État islamique s'enchaînent. Malgré les dénégations des autorités qui minimisent les pertes et les échecs sur le front, le nombre de morts civils et militaires atteint des sommets jamais égalés en sept années de guerre. Ibrahim Traoré a échoué à unir une armée exsangue, démotivée et malmenée. Et la descente aux enfers se poursuit. Le possible effondrement de ce pays impacterait tous les pays côtiers, notamment le Bénin, avec la création d'un corridor non contrôlé de l'Atlantique à la Méditerranée.

---

158. Selon le Global Terrorisme Index (GTI) 2024, c'est la première fois qu'un pays autre que l'Afghanistan ou l'Irak arrive en tête de l'indice. Près de 2 000 personnes ont été tuées dans des attaques terroristes au Burkina Faso lors de 258 incidents, ce qui représente près d'un quart de tous les décès terroristes dans le monde.

Autre pays, autre constat. Malgré leur front commun, essentialiser ces juntes serait une erreur. Leur histoire, leur armée, leur culture présentent de nombreuses différences. Depuis le coup d'État au Niger, la plupart des médias ont décrit une situation sécuritaire dégradée dans ce pays. Comme toujours, la réalité est plus complexe. Les attaques de l'État islamique dans la zone des «trois frontières» ont effectivement repris après le putsch, pour autant cela n'est pas lié à l'arrêt des opérations militaires françaises. Dès son arrivée au pouvoir en 2021, Mohamed Bazoum a entrepris des négociations avec l'État islamique. Sans qu'aucune précision n'ait été fournie sur les conditions du compromis, le président du Niger s'était néanmoins exprimé sur le sujet, reconnaissant «une main tendue» aux jeunes enrôlés dans ce groupe. Officiellement, il avait admis la libération de sept djihadistes emprisonnés à Niamey; officieusement, ils seraient beaucoup plus nombreux. Par conséquent, à partir de l'été 2022, ces djihadistes n'ont plus livré de batailles sur le sol nigérien. En revanche, ils ont redoublé leurs coups contre le Mali. Le putsch a sonné la fin de l'accord et les assauts contre le Niger ont repris de plus belle. Emmanuel Macron n'avait, cette fois, pas imposé de veto à ces négociations, le président nigérien, considéré comme le dernier atout français dans la région, a bénéficié d'une certaine marge de manœuvre. Et ce, d'autant que Washington était favorable à ce dialogue. Ce programme dit des «repentis» était financé par l'agence américaine, USAID[159][160].

---

159. Niger | Agence des États-Unis pour le développement international (USAID)
160. Il existait déjà un programme pour les repentis du groupe Boko Haram, il a été étendu aux éléments de l'État islamique dans le Grand Sahara (EIGS), https://www.usaid.gov/niger

Malgré la reprise de ces attaques, l'analyse des données 2023 montre une diminution des décès[161], la même tendance est constatée au Mali. L'accroissement exponentiel des courbes au Sahel est porté par le seul Burkina Faso, 7 622 morts, soit une augmentation de plus de 77 % au cours de cette même année[162]. En conclusion, pour le Mali et le Niger, les catastrophes prédites sans la participation des forces étrangères ne se sont pas produites. Au Burkina Faso, les forces étrangères n'étaient pas actives sur le terrain des combats. Cependant, la prudence est de mise, car la situation reste très volatile et l'accès aux informations difficile. D'autant qu'au cours du premier trimestre 2024, il y a eu une importante recrudescence d'attaques au Mali, qui se rapprochent dangereusement de Bamako.

Pour ces trois juntes, le sujet sécuritaire est central. Bien entendu, la vie de leur population, l'économie, le développement, la réalisation de routes, d'infrastructures en dépendent. De leur capacité à ramener la paix et la sécurité dépend également leur survie politique. Ces succès leur permettraient de poursuivre à l'intention de leurs opinions publiques respectives le discours souverainiste qui leur a, il est vrai, fort bien réussi jusqu'alors. Faire mieux sans l'armée française ; faire mentir Emmanuel Macron qui déclarait lors de son discours devant les ambassadeurs en août 2023 : « Si nos militaires n'étaient pas tombés au champ d'honneur en Afrique, si Serval puis Barkhane

---

161. Mali 3 965 morts, moins 18 % par rapport à 2022. Burkina Faso 7 622 morts, plus 77.58 % ; Niger 911, moins 8.45 %. Source Wamaps, d'après les données Acled.
162. Le Burkina Faso est désormais classé premier sur le Global Terrorisme Index (GTI), https://reliefweb.int/report/world/global-terrorism-index-2024

n'avaient pas été décidées, nous ne parlerions aujourd'hui ni de Mali, ni de Burkina Faso, ni de Niger. »[163] Outre, qu'il ne sert à rien de disserter sur ce qui aurait pu avoir lieu, ce genre de saillies humiliantes participent à alimenter le discours anticolonialiste. L'Afrique, et le Sahel en particulier, n'a pas l'apanage de cette rhétorique anticoloniale, elle prospère partout dans le monde. Cependant, certaines juntes l'utilisent à l'excès, par opportunisme plus que par idéologie.

Le 30 janvier 2024, la sortie en chœur de la CEDEAO des trois pays qui forment l'AES[164] s'inscrit également dans ce registre-là. En accusant l'organisation d'être soumise aux ingérences étrangères, de ne pas les avoir aidés dans la lutte contre le terrorisme, d'avoir soumis leurs peuples à des sanctions dévastatrices, ils ont obtenu l'approbation d'une grande partie des opinions publiques d'Afrique de l'Ouest. Avec le départ de Bamako, de Ouagadougou et de Niamey, l'organisation paye comptant son passé, ses arrangements avec ses propres textes, ses doubles standards perpétuels et sa menace d'intervention militaire.

Trois semaines seulement après l'échappée belle du trio, sans avoir obtenu la libération de Mohamed Bazoum retenu depuis sept mois en son palais, la CEDEAO levait ses sanctions sur le Niger. À la fin de son long communiqué[165] justifiant cette mesure de grâce, l'organisation appelait « tous les partenaires à

---

163. https://www.jeuneafrique.com/1477335/politique/emmanuel-macron-et-la-disparition-du-mali-du-burkina-et-du-niger/
164. https://www.youtube.com/watch?v=Xx73JIjbO2k&ab_channel=TV-5MONDEInfo
165. https://www.ecowas.int/wp-content/uploads/2024/02/Fr-Extraordinary-Summit_Final-Communique2_fin_240225_192411.pdf

respecter la souveraineté et l'indépendance des États africains et à s'abstenir de toute intervention ou ingérence qui déstabilise les États membres et porte atteinte à l'unité régionale. »[166] À qui peut bien être destiné le message ? Les lignes bougent, cette supplique en forme d'aveu est sans précédent dans l'histoire de cette institution.

Les juntes se nourrissent de ces victoires-là, car pour le reste le compte n'y est pas. Au Niger, il est encore trop tôt pour évaluer une situation encore volatile. La manne du pétrole, 90 000 barils/jour, ouverte avec le nouveau pipeline inauguré le 1er mars 2024, ruissellera-t-elle sur la population ? Les autorités remettront-elles le pouvoir aux civils à la fin d'une durée de transition raisonnable ? Par le passé, lors des quatre précédents putschs, cela a toujours été le cas. En revanche, toutes les autres s'accrochent au pouvoir. Les coups d'État de Bamako et Niamey ont été les seuls qui pouvaient être qualifiés de « populaires » puisqu'ils venaient lever un blocage démocratique et donner un espoir de changement aux citoyens.

Au Mali, les sauveurs sont-ils devenus les bourreaux ? Une chape de plomb s'est abattue sur le pays. Les élections promises en février 2024 n'ont pas eu lieu et aucune nouvelle date n'est annoncée. La vie politique autrefois si intense et bruyante semble encalminée. Le 10 avril 2024, la junte a ordonné la suspension jusqu'à nouvel ordre des activités des partis et des associations à caractère politique, coupables de « discussions

---

166. *Ibid.*

stériles et de subversion. »[167] De nombreux opposants vivent en exil. Après neuf années d'atermoiements, de hauts, de bas, le 26 janvier 2024, les autorités maliennes avaient unilatéralement dénoncé l'accord d'Alger. Leur porte-parole a martelé trois fois cette annonce, comme chaque fois qu'une décision importante est prise, signifiant ainsi que celle-ci est irrévocable. Cet accord était de toute façon moribond depuis août 2023, date de la relance des hostilités entre l'armée malienne et la CMA.

Mais les victoires obtenues par les forces militaires contre ces groupes armés, la reprise des bases de la Minusma et de Kidal se sont accompagnées d'exactions terribles commises par l'armée malienne et les mercenaires de Wagner toujours à l'œuvre au Mali. Ces derniers ont mené une campagne de terreur contre les civils, principalement contre les communautés touareg, arabes et peules. Ils sont arrivés parfois seuls à moto, tuant sans discrimination, volant le bétail, pillant absolument tout ce qu'ils trouvaient, jusqu'au charbon de bois. Une association kidaloise, Kal Akal[168], a documenté ces violations. La liste est longue : « exécutions sommaires, massacres de masse, disparitions forcées, détentions arbitraires, actes de torture, destructions de sources d'eau, spoliation des biens, etc. » Cette description corrobore les témoignages de nombreux contacts de la région. En mars 2022 avait également eu lieu le massacre de Moura où, selon la

---

167. https://information.tv5monde.com/afrique/mali-apres-la-suspension-des-activites-des-partis-politiques-linterdiction-aux-medias-den#:~:text=Les%20autorit%C3%A9s%20maliennes%20interdisent%-20le,%22%20et%20de%20%22subversion%22.
168. https://mondafrique.com/a-la-une/250-civils-tues-dans-le-nord-du-mali-selon-une-association/

Minusma, 500 personnes ont été tuées par l'armée malienne et les supplétifs de Wagner[169]. Traumatisées, apeurées, des milliers de personnes ont fui vers l'Algérie et la Mauritanie, un pays qui a, de manière exemplaire, accueilli 100 000 nouveaux réfugiés qui s'ajoutent à ceux présents dans ce pays depuis 2012. L'Azawad déjà sous-peuplé s'est vidé d'une grande partie de ses habitants. Pour les faire revenir, retrouver la confiance et recoudre les déchirures, il faudra du temps. Les autorités de Bamako ont décidé de remplacer l'accord d'Alger par un dialogue intermalien qui, pour une fois, n'est pas inclusif puisque la CMA n'y est pas conviée. Pourtant, relancer des négociations politiques avec les groupes armés de la CMA permettrait d'envisager un retour de la paix dans le nord du Mali. Ce sera long, difficile, la suite est imprévisible, mais la société malienne est ainsi faite que même les pires ennemis peuvent se réconcilier. Rien n'est impossible.

À ces graves conséquences humanitaires, à ces difficultés sécuritaires et politiques s'ajoutent d'importants problèmes économiques. Avec la fin de Barkhane, de la Minusma, des missions de l'Union européenne, toute l'économie de guerre s'est effondrée. Certes, ce type d'économie est connu pour être un déstabilisateur des sociétés. La présence massive d'agents des Nations unies, de consultants, d'experts grassement rémunérés participe à une inflation du coût de la vie. Ils enrichissent d'abord

---

169. Concernant la conduite des opérations de Wagner au Mali, il faut distinguer deux époques : celle avant la mort d'Evgueni Prijojine, en août 2023, et celle d'après, où Wagner a été dissous. Au Mali, les mercenaires n'ont ni intégré l'armée russe ni la nouvelle société militaire privée Africa Corps, ils sont donc sans statut.

l'élite, les grands commerçants et les riches propriétaires à qui appartiennent les villas luxueuses dans lesquelles sont logés les fonctionnaires internationaux. Cependant, les autorités n'ont pas anticipé sa fin et des milliers de travailleurs et de sous-traitants se sont retrouvés sans emploi. Les caisses de l'État sont vides. Faute de financements, la fourniture d'électricité est réduite à son strict minimum, quelques heures par jour. En plus de rendre la vie impossible aux citoyens, ce manque d'énergie paralyse les entreprises, les activités commerciales et renforce la crise économique. Les Sahéliens ont la réputation d'être endurants, mais pendant combien de temps encore les Maliens seront-ils patients?

Au Burkina Faso, Ibrahim Traoré avait promis un retour à la démocratie avec des élections présidentielles en juillet 2024. Puis, il s'est ravisé. En septembre 2023, il a déclaré[170]: «Ce n'est pas une priorité, je vous le dis clairement, c'est la sécurité qui est la priorité». Les Burkinabè doivent donc attendre une amélioration sécuritaire... Pendant ce temps, les déplacés internes représentent plus de 10 % des 22 millions d'habitants. À cela, il faut ajouter les réfugiés dans les pays voisins, au Mali, en Côte d'Ivoire, au Ghana. Ils seraient 100 000 selon les Nations unies[171], chiffres fortement, sous-évalués, car de nombreuses familles ne s'inscrivent pas auprès des organisations humanitaires. Un tableau dramatique qui compte en plus trois millions de personnes touchées par l'insécurité alimentaire. Pendant ce temps, le budget de la présidence a augmenté de 60 %. Le

---

170. https://www.france24.com/en/africa/20230930-burkina-junta-chief-says-elections-not-a-priority-eyes-constitutional-change
171. https://reports.unocha.org/fr/country/burkina-faso/

Capitaine s'est offert une compagnie aérienne, Kangala Air Express[172], détenue par un prête-nom. Le népotisme atteint des sommets, oncle, frère, cousin sont installés sous les lambris du pouvoir. La révolution de 2014 n'est plus qu'un lointain souvenir, la peur a envahi le débat public. Des experts des Nations unies[173] se sont inquiétés de l'existence de fosses communes et des disparitions forcées commises par les forces de défense et de sécurité et les Volontaires pour la défense de la patrie. Les critiques du régime, les courageux, les téméraires, les militaires récalcitrants sont enlevés par des hommes encagoulés. Ils s'évanouissent subitement dans la nature puis, quelques jours plus tard, les plus chanceux réapparaissent sur des photographies, en treillis, kalachnikov en main. Ils ont été envoyés au front. Ablassé Ouédraogo, homme politique de 70 ans, pas le plus vindicatif, a vécu la mésaventure, comme Arouna Louré, anesthésiste de son état, ou encore Daouda Diallo, pharmacien. Cet homme frêle, également professeur à l'université, a été projeté dans la guerre sans y être préparé. Devant les horreurs vécues par son pays, il a créé une association documentant les atrocités, les disparitions, les massacres et le voilà dans la savane une arme à la main... Tous punis par le Sankariste 4.0, au nom des « masses » et de la patrie ! En s'adressant à Ibrahim Traoré et pour moquer sa fatuité, un internaute a un jour écrit : « Ce n'est pas en buvant du Kérosène que tu vas voler comme un avion ! » En attendant des jours meilleurs, Ouagadougou bruisse de rumeurs sur des

---

172. https://kangala-airexpress.com/
173. Burkina Faso : des experts de l'ONU demandent un mécanisme sur les allégations de fosses communes, ONU Info, 6 mars 2024.

tentatives de coups d'État. Le Capitaine ne dort que d'un œil et surveille ses arrières. Ce n'est vraisemblablement qu'une question de temps...

À Conakry, en revanche, la France est toujours présente. Le colonel Mamadi Doumbouya, qui porte désormais très haut le titre de général, n'a pas envie de laisser le pouvoir. C'était prévisible. Il a envoyé des émissaires à Paris et dans les capitales anglo-saxonnes pour négocier une prolongation de la transition d'un an, jusqu'à décembre 2025. Les lignes bougent, il fut un temps pas si lointain où la parole de l'Élysée aurait suffi. Son ministre de la Défense a été reçu au Château, en décembre 2023. Selon la lettre *Africa Intelligence*[174], sa demande « n'a pas suscité de levée de bouclier ». Il aurait néanmoins vivement conseillé au représentant de la Guinée d'entamer des pourparlers avec la CEDEAO ; de donner des gages visibles de retour à l'ordre constitutionnel ; de lever les restrictions pesant sur la presse et sur l'opposition. Un message pas vraiment bien compris puisque trois semaines plus tard, Sékou Jamal Pendessa était mis aux arrêts. Ce journaliste, syndicaliste, avait appelé à manifester contre les restrictions qui ciblent la presse guinéenne. Il a fini par être libéré fin février, après deux jours d'une grève massive qui a totalement bloqué le pays. Dans le même élan, Internet et les réseaux sociaux, coupés depuis trois mois, ont été rétablis. Si la France continue d'afficher une grande bienveillance envers l'ancien caporal de la Légion devenu général, en revanche, les

---

174. https://www.africaintelligence.fr/afrique-ouest/2024/02/20/de-paris-a-berlin-le-lobbying-de-mamadi-doumbouya-pour-prolonger-la-transition,110160739-eve

États-Unis s'impatientent. Ils dénoncent le non-respect des libertés fondamentales. Le sous-secrétaire d'État adjoint pour l'Afrique de l'Ouest[175], Michael Heath, s'inquiète également du non-respect du calendrier électoral. Leur agacement se comprend aisément, l'Amérique défend les valeurs occidentales et «l'ordre international fondé sur des règles». Il se pourrait aussi que leur exaspération soit due à la lenteur de la redistribution des cartes des concessions minières : Russes et Chinois sont toujours là, confortablement installés. Ainsi va la malédiction des ressources naturelles. Combien de temps se poursuivra cette tragi-comédie ? Les Guinéens sont à bout ; l'économie tourne au ralenti ; un mouvement a été créé, le FRAC, Front pour le retour d'Alpha Condé... Les jeux sont ouverts.

Au Tchad, en revanche, dernier pays du Sahel où la France déploie encore un millier de soldats, les portes se sont hermétiquement refermées. Les temps qui viennent s'annoncent sombres et difficiles, tant pour la présence militaire française que pour le pays. En janvier 2024, le président de la transition, Mahamat Idriss Déby, avait nommé l'opposant Succès Masra, Premier ministre. Certains voulaient y voir un signe d'ouverture, d'autres ont perçu ce rapprochement, entre deux adversaires, comme une simple compromission. Puis dans la perspective de consolider son pouvoir et suivre les traces de son père, le chef de l'État a annoncé qu'il serait candidat à la prochaine élection présidentielle du 6 mai 2024. Quelques jours plus

175. https://www.rfi.fr/fr/afrique/20240201-guin%C3%A9e-les-etats-unis-appellent-les-autorit%C3%A9s-%C3%A0-tout-faire-pour-restaurer-la-li-bert%C3%A9-de-la-presse

tard, Succès Masra postulait lui aussi à la fonction suprême. Le Tchad se retrouve donc dans une situation inédite avec un Président de la Transition et son Premier ministre s'affrontant lors d'un scrutin dont l'issue ne laisse aucune place au doute : une confiscation annoncée du pouvoir. C'est peu de dire que cette succession dynastique passe mal dans la population tchadienne, mais également au sein de la famille Déby. Le fils n'a pas su conserver le fragile équilibre entre tous les clans que son paternel avait trouvé. La guerre intestine a repris.

Le 28 février, Yaya Dillo, cousin de Mahamat Déby et président du Parti socialiste sans frontière, a été tué par l'armée lors d'un assaut contre le siège de son mouvement. Le gouvernement assure avoir agi en riposte. Ses soutiens démentent et dénoncent une exécution. La photo de son cadavre qui circule sur les messageries privées tend à leur donner raison : il a reçu une balle dans la tête. Saleh Idriss Déby, frère de Déby père, appartenant également au Parti socialiste sans frontière a, lui, été mis aux arrêts. Dans la foulée, le siège de ce parti a été démoli au bulldozer.

48 heures, plus tard, en visite à Washington, Succès Masra, exprimait « son soutien total et inconditionnel au chef de l'État. »[176], tout en qualifiant « les événements de moments malheureux et douloureux ». À ses côtés, tout sourire, Victoria Nuland apportait son soutien « à une transition démocratique inclusive au Tchad. »[177]. Inclusive, sans les morts bien entendu ! La sous-secrétaire d'État n'a pas dit un mot de l'assassinat de Yaya Dillo.

---

176. https://twitter.com/Succes_MASRA/status/1762914185111892358
177. https://twitter.com/AsstSecStateAF/status/1763341779032506808

Succès Masra a poursuivi son voyage en France où il a été reçu discrètement à l'Élysée et officiellement à Matignon. Si rien n'a filtré de ses discussions avec Emmanuel Macron, le menu de sa conversation avec Gabriel Attal a été publié : projets économiques, soutien à la jeunesse, travaux sur le changement climatique[178]. Publiquement, le Premier ministre n'a pas trouvé judicieux d'évoquer les « moments malheureux et douloureux ». Aucune condamnation, un silence d'autant plus assourdissant qu'au même moment s'enchaînaient les déclarations sur la mort de l'opposant russe, Alexeï Navalny. Mais l'histoire ne s'arrête pas là...

Deux jours plus tard, Jean-Marie Bockel, l'envoyé personnel d'Emmanuel Macron, atterrit à Ndjamena. Un voyage prévu de longue date. N'était-il pas au courant de la mort de Yaya Dillo, de l'arrestation de Saleh Idriss Déby, de la destruction du siège de leur parti ? Toujours est-il que lors de sa rencontre avec Mahamat Déby, il a tenu à lui faire part de « l'admiration de la France »[179] pour le processus de transition. En de telles circonstances, le mot « admiration » n'était-il pas un peu fort ? Sûrement, au vu du tollé provoqué. Il a également profité de cette visite pour annoncer que l'armée française resterait. Comme une impression de déjà-vu... « L'histoire se répète toujours deux fois, la première fois comme une tragédie, la deuxième fois comme une farce », écrivait Karl Marx. La quatrième fois se passe comment ?

178. https://twitter.com/GabrielAttal/status/1765108878319009854
179. https://www.lefigaro.fr/international/tchad-l-envoye-de-macron-en-afrique-affirme-que-l-armee-francaise-restera-20240307

Partie III

Le grand effacement de la France et les soldats de l'An II

Chapitre XII
Tous contre la France

Après le remaniement de janvier 2024, Emmanuel Macron a interpellé les nouveaux ministres ainsi[180] : «Votre mission est d'éviter le grand effacement de la France face au défi d'un monde en proie au tumulte. Si vous ne vous en sentez pas capable, quittez cette pièce à l'instant. Vous n'êtes pas seulement des ministres, vous êtes les soldats de l'an II du quinquennat. Je ne veux pas de ministres qui administrent, je veux des ministres qui agissent. Je ne veux pas de gestionnaires, je veux des révolutionnaires.» Pour lutter contre ce *grand effacement,* Gabriel Attal a nommé Stéphane Séjourné ministre de l'Europe et des Affaires étrangères. En première ligne mais sans expérience, comme il l'a lui-même reconnu : «Je ne suis pas diplomate de métier, mais, ayant grandi à l'étranger, je sais ce que signifie la France

---

180. https://www.europe1.fr/politique/info-europe-1-regeneration-audace-discipline-republicaine-ce-qua-dit-emmanuel-macron-lors-du-premier-conseil-des-ministres-du-gouvernement-attal-4224745

dans le monde »[181], la tâche de ce soldat révolutionnaire, dans ce domaine régalien très exposé, sera rude.

Le chef de l'État a, néanmoins, posé un diagnostic lucide. En effet, le monde est en pleine recomposition et « l'effacement de la France » avance à grands pas. Cependant, pourquoi avoir choisi un novice au vu de l'importance de ces dangers bien identifiés ?

En Afrique de l'Ouest, cette disgrâce française suscite des appétits, nombreux sont les États qui souhaitent participer au festin de l'ancien « pré carré », y compris chez les alliés. La compétition est lancée. Ils sont venus, ils sont tous là…

Depuis la menace d'intervention militaire, le Niger a changé de trajectoire et n'est plus le sanctuaire occidental qu'il était avant le coup d'État. La junte au pouvoir a tissé des liens avec le Kremlin. Son Premier ministre, Lamine Zeine, s'est rendu en Russie[182], dans la foulée, il est allé en Iran, puis en Turquie. Il s'agit tout à la fois d'engranger des soutiens et d'acheter de l'armement. Les États-Unis ne souhaitaient pas partir pour autant. Ils gardaient leurs bottes dans leurs bases nigériennes. Tout le monde ne partage pas des pudeurs de violette face aux putschistes. Molly Phee, la madame Afrique de l'administration Biden, s'est rendue au Niger le 12 mars 2024. Elle était accompagnée de pointures, le commandant de l'AFRICOM et la sous-secrétaire adjointe à la Défense pour les affaires de Sécurité nationale. D'après un officier nigérien, les discussions se sont déroulées dans un climat

---

181. https://www.lefigaro.fr/politique/gouvernement-attal-stephane-se-journe-un-stratege-politique-au-quai-d-orsay-20240111
182. https://www.rfi.fr/fr/afrique/20240127-iran-visite-premier-ministre-du-niger-ali-mahaman-lamine-zeine-sanctions-accords-militaires-economiques

extrêmement tendu, le ton employé par ces officiels américains à la fois menaçant et condescendant a fortement irrité leurs interlocuteurs. Les États-Unis souhaitaient augmenter leurs effectifs sur leur base de Niamey ; obtenir l'assurance que leurs soldats ne croisent pas de militaires russes et mettre en garde la junte quant à une éventuelle coopération avec l'Iran, en réitérant la fable de la vente d'uranium nigérien à Téhéran[183]. Concernant les deux derniers points, souveraineté oblige, ils ont essuyé une fin de non-recevoir sans nuance : « On est chez nous, on fait ce qu'on veut » ! Puis, le patron de l'AFRICOM, le général Langley, a sorti un tableau blanc dans l'intention de faire un point sur la situation sécuritaire et ainsi expliquer aux généraux nigériens présents comment il fallait agir. Avant même d'avoir eu le temps d'écrire un mot, il a été prié de remballer son matériel : « On est chez nous, on sait ! »

Visiblement, les Américains n'ont pas encore intégré la révolution copernicienne en cours dans certains États qui ne sont plus prêts à se laisser dicter leur conduite ni à recevoir de leçons. À bon entendeur... Molly Phee et sa délégation ont prolongé leur séjour en espérant rencontrer le chef de la Transition, en vain. Les envoyés de la Maison-Blanche sont repartis bredouilles. Inimaginable, quelques années auparavant, ce genre de scènes donne la mesure des bouleversements actuels.

---

183. En 2002, avant l'entrée en guerre des États-Unis en Irak, Georges Bush avait accusé Saddam Hussein d'acheter de l'uranium au Niger. Il s'est avéré que les preuves présentées avaient été fabriquées de toutes pièces par les services secrets italiens pour le compte de la CIA. Cette histoire est connue sous le nom de Nigergate.

Tous contre la France

Plus que des bouleversements, des séismes. Deux jours après cette visite mémorable, le Niger dénonçait avec «effet immédiat» l'accord de coopération militaire avec les États-Unis. Jamais un pays africain n'avait osé, les Américains perdent trois bases, celle de Niamey, celle de drone à Agadez et celle de la CIA à Dirkou. Ils se voient dans l'obligation d'abandonner un poste stratégique aux portes de l'Algérie, du Tchad, de la Libye. Pour rester, ils étaient prêts à faire des concessions. Quelques jours plus tôt, Molly Phee n'avait-elle pas déclaré au magazine Africa Report[184] : «Nous préférons travailler avec des partenaires qui défendent les valeurs démocratiques et les droits de l'homme. Et s'il y a dérogation à cela, nous réfléchissons à ce que cela signifie en termes de notre droit et de nos politiques en termes d'engagement»? Ils n'ont même plus à réfléchir aux dérogations… Un mois plus tard, débarquait une centaine d'instructeurs d'Africa Corps, la nouvelle organisation russe chargée d'absorber les activités de Wagner. Puis, le 13 avril 2024, une première manifestation contre la présence militaire américaine avait lieu à Niamey.

Depuis le coup d'État, Washington gardait pourtant des liens étroits avec le Niger comme avec tous autres pays sahéliens. Leurs ambassadeurs, très actifs, ne cessent de rencontrer les sociétés civiles et multiplier les programmes dans la santé, le genre, l'éducation. Car malgré leur investissement sur tous les fronts, en Ukraine, au Moyen-Orient et en Asie, les États-Unis font tout pour garder leur place dans la région. Ils

---

184. https://www.theafricareport.com/339568/state-departments-molly-phee-lays-out-challenge-of-dealing-with-putschist-regimes

souhaitent même se renforcer militairement dans le très stratégique golfe de Guinée. Lors de sa dernière visite dans cette région en janvier 2023[185], en Angola, au Cap Vert, au Nigéria et en Côte d'Ivoire, Anthony Blinken a fait part de son intention de déployer des drones militaires dans plusieurs bases de la côte ouest-africaine. Des négociations sont en cours avec Accra, Abidjan et Cotonou menacés par les groupes djihadistes en provenance des pays sahéliens. Le Togo en proie aux mêmes dangers semble, pour l'instant, privilégier une coopération avec la Russie[186].

L'intérêt américain pour le continent en général et l'Afrique de l'Ouest en particulier est ancien. Ce qui est nouveau, en revanche, c'est l'arrivée d'un tel dispositif au moment précis où la France réfléchit à une diminution de ses effectifs dans ces pays : Côte d'Ivoire, Sénégal, Tchad et Gabon. Reste à savoir si le débarquement du Pentagone dans ces États se réalise contre Paris ou avec son assentiment. Lors d'une audition à l'Assemblée nationale le 31 janvier 2024[187], le chef d'état-major, Thierry

---

185. https://www.aa.com.tr/fr/afrique/les-%C3%A9tats-unis-envisagent-de-d%C3%A9ployer-des-drones-militaires-sur-les-c%C3%B4tes-ouest-africaines/3100588#:~:text=Les%20%C3%89tats%2DUnis%20ont%20l,Wall%20Street%22%2C%20qui%20cite%20des
186. https://www.africaintelligence.fr/afrique-ouest/2024/02/19/une-nouvelle-base-secrete-pour-l-armee-dans-le-nord,110160147-art
187. https://www.lexpress.fr/monde/afrique/afrique-la-france-envisage-de-mutualiser-ses-bases-militaires-avec-ses-partenaires-3OSYFU-JJKZGIPIZNR67WK53DUA/#:~:text=Les%20arm%C3%A9es%20fran%C3%A7aises%20envisagent%20de,'Assembl%C3%A9e%20nationale%2C%20publi%C3%A9%20vendredi.

Burkhard, a déclaré : «la création de bases communes avec les Américains ou d'autres est souhaitable. »[188]

Cette concordance des temps interroge. Elle ressemble fort à un pas de deux entre Paris et Washington, à une mutualisation en forme de passage de témoin à l'ami américain. Car qui pourraient être les autres? Sûrement pas les Européens qui ne sont pas prêts à coopérer militairement avec la France qu'ils considèrent désormais comme radioactive sur le continent. Ils ne sont, en outre, pas mécontents de reprendre la main. Paris hors-jeu, le duo Berlin/Rome avance ses pions.

En effet, l'Italie et l'Allemagne suivent à la lettre la politique de Washington qui consiste à occuper le terrain sahélien pour contrer la Chine, la Russie et maintenant l'Iran, sans négliger, bien entendu, leurs intérêts personnels. Alors que le dernier soldat français n'avait pas encore quitté le Niger, en décembre 2023, le ministre de la Défense allemand, Boris Pistorius, se rendait à Niamey pour négocier le maintien de sa base aérienne dans le pays et envisageait la construction d'un hôpital militaire.

L'Italie voit plus grand. En janvier dernier, la présidente du Conseil a proposé un plan ambitieux de six milliards de dollars pour renforcer ses partenariats avec l'Afrique. Lors de la présentation de ce plan, Georgia Meloni, jamais à court d'une pique envers la politique africaine de Paris, a déclaré vouloir : «une coopération entre pairs, loin de toute tentation prédatrice, mais

---

188. https://theatrum-belli.com/audition-du-cema-sur-la-contribution-des-armees-a-une-nouvelle-politique-africaine-de-la-france-assemblee-natio-nale-31-janvier-2024/

aussi de cette logique caritative dans l'approche de l'Afrique »[189]. Rome a, dans la foulée, organisé un grand sommet Afrique/Italie où le ban et l'arrière-ban des dirigeants africains étaient présents. Un tel événement serait-il encore possible à Paris ? Il est permis d'en douter.

Le dernier sommet Afrique/France organisé était celui de Montpellier, en octobre 2021, et ce fut un moment surréaliste aux conséquences fâcheuses. Pour innover, « réinventer la relation »[190] avec l'Afrique et parler à la jeunesse, les conseillers de l'Élysée avaient fait le choix de ne pas inviter les chefs d'État, mais onze membres de la société civile. Ces jeunes, triés sur le volet par les ambassades françaises de leurs pays respectifs, ont vidé le sac de toutes leurs récriminations contre l'ancien colonisateur. L'une d'elles a comparé la France à une marmite sale[191] qu'il fallait récurer, devant un président hilare. Toutes les interventions avaient été soigneusement préparées, répétées, Emmanuel Macron savait. Un exercice de communication mis en scène par l'intellectuel camerounais Achille Mbembé, en cour à l'Élysée. Hormis fâcher les présidents pas invités, qui se sont fait, eux aussi, lyncher par les intervenants, et un sentiment de grand malaise partagé, que faut-il retenir de ce grand raout ? Une relation parfaitement réinventée !

---

189. https://www.courrierinternational.com/article/geopolitique-un-fas-tueux-sommet-italie-afrique-mais-pour-quoi-faire
190. https://www.diplomatie.gouv.fr/fr/dossiers-pays/afrique/nouveau-sommet-afrique-france-reinventer-ensemble-la-relation/#:~:text=Dans%20le%20cadre%20du%20Nouveau,Ayissi%20en%20est%20un%20exemple
191. https://www.bbc.com/afrique/region-58844780

Tellement réinventée qu'au Niger, les Français qui travaillent pour les missions de l'Union européenne doivent partir et laisser leur place à d'autres citoyens des États membres, les autorités de Niamey ne leur délivrant plus de visa. Dure épreuve de réalité… Car évidemment Bruxelles reste aussi. L'UE a même proposé de renforcer sa coopération, même si elle cherche encore sa voie après tant de bouleversements[192]. En janvier 2024, sa représentante pour le Sahel, l'Italienne Emmanuela Claudia Del Re, a fait part de ses questionnements à la radio Deutsche Welle : «Comment va-t-on rester engagés, de quelle manière, avec quelle méthodologie et quel type de stratégie va-t-on mettre en place?». Puis, d'une certaine manière, elle a elle-même répondu à la question en louant le rôle stratégique de Berlin : «Je dois dire que l'Allemagne est un géant dans la région, sur le plan de l'investissement, de l'aide au développement, mais aussi pour ce qui concerne l'engagement fort de l'Allemagne sur place depuis des années déjà. Mais en particulier dans ce moment très difficile, je pense que le leadership de l'Allemagne est important.» Le leadership allemand au Sahel? Un pied de nez de l'histoire! Un an auparavant, les diplomates européens manœuvraient habilement pour reprendre la main au Sahel sans froisser la susceptibilité d'Emmanuel Macron. Depuis le coup d'État au Niger, ils ne se cachent même plus.

Voilà pour les «alliés», mais la France doit aussi compter avec ses adversaires, au premier rang desquels évidemment la Russie qui, elle aussi, veut sa part du gâteau. Il est indéniable

---

192. https://www.dw.com/fr/ue-sahel-ins%C3%A9curit%C3%A9-aides-d%C3%A-9mocratie/a-68015947

que son retour sur la scène africaine a, en partie, contribué à ce qu'elle ne subisse pas l'isolement promis par l'Occident lors du déclenchement de la guerre en Ukraine. Elle récolte des voix aux Nations unies et ne compte pas en rester là. Après le Mali et le Niger, elle a planté ses bottes au Burkina Faso. Moscou a envoyé des instructeurs d'Africa Corps, néanmoins, ces hommes n'interviennent pas aux côtés des soldats lors des combats. Cette coopération minimale montre qu'il s'agit seulement de mettre un pied dans la porte.

Dans un autre pays, Moscou a signé un joli coup. Fin janvier 2024, alors que les tensions avec Paris à propos de l'Ukraine commençaient à monter crescendo, Vladimir Poutine recevait Mahamat Déby. Celui qui fait office de dernier partenaire de la France au Sahel fut reçu par son homologue russe avec un lustre d'honneur et d'apparat. Les deux hommes ont devisé autour d'une petite table de salon qui contrastait avec celle de six mètres de long utilisée lors de la rencontre entre Emmanuel Macron et Vladimir Poutine, en février 2022. Cette inégalité de traitement n'a pas manqué d'être largement commentée. Le cas du Tchad illustre à merveille l'incarnation du nouveau monde qui naît sous nos yeux : un Premier ministre, Succès Masra, pro-américain ; la Russie décrite lors de cette visite comme « un pays frère et ami »[193] ; l'armée française pour défendre son territoire et ses frontières ; la Chine pour la construction d'infrastructures ; les Émirats arabes unis au portefeuille bien rempli ; un zeste de

---

193. https://information.tv5monde.com/afrique/moscou-le-president-tcha-dien-qualifie-la-russie-de-pays-frere-2704221

coopération militaire avec la Hongrie, qui a proposé ses services et des partenariats tous azimuts avec la Turquie !

Hormis son activisme au Tchad, en deux ans, la Russie aura donc noué des partenariats et/ou des coopérations avec trois pays du Sahel et engagé des discussions avec au moins un autre pays d'Afrique de l'Ouest : le Togo.

Cela dit, dans un monde où la compétition fait rage et où l'imprévisibilité est la chose la plus certaine, rien n'est acquis. Les pays, qui se savent tant convoités, peuvent à tout moment faire jouer la concurrence. Un nouveau coup d'État ici ou là pourrait également venir renverser la table. Le Kremlin fait aussi face à d'autres écueils. Avec Wagner, il s'est tiré une balle dans le pied, les exactions des mercenaires lui ont fait perdre des soutiens, de nombreux Maliens déchantent, sans parler de la mauvaise publicité. Il lui faut aussi trouver la solution à l'équation que la France n'a jamais réussie à résoudre : comment se maintenir dans un pays sans garantir le fauteuil d'un chef d'État contre la volonté du peuple ? Sans cette martingale, les lendemains aussi peuvent déchanter. Enfin, à une époque où parfois les alliances se nouent et se dénouent non pas sur des lignes idéologiques, mais au gré des opportunités, le noble principe de non-ingérence dans les affaires intérieures d'un État n'est pas sans poser quelques difficultés. Les Maliens se sont fâchés avec leur grand voisin algérien, devenu leur nouveau bouc émissaire. Cet état de fait place Moscou, qui entretient de bonnes relations avec Alger, dans une position fort délicate.

En effet, le Mali, dans le cadre de son alliance au sein des États du Sahel (AES), a cédé aux sirènes du Maroc, qui s'est, lui aussi, invité à la table du partage du gâteau. En décembre 2023, Mohamed VI a lancé une initiative visant à relier ces trois pays enclavés à l'Atlantique Nord. Un projet audacieux et tortueux, il nécessite de transiter par la Mauritanie, mais les pays sahéliens y ont adhéré, au grand dam d'Alger. Voir Rabat s'acoquiner avec les trois juntes « illégitimes et irresponsables », qui ont rompu tous liens avec la France, s'apparente à un nouveau camouflet pour le Château. Mais, Son Altesse Royale n'est sûrement pas mécontente de fâcher l'Élysée. Depuis des décennies, jamais les relations entre les deux pays n'avaient connu de dissensions aussi extrêmes, au point qu'il n'y a pas eu d'ambassadeur du Maroc en France entre janvier et octobre 2023.

Les raisons de la brouille reposent sur des dossiers réels, l'affaire Pegasus, celle des visas, le délicat dossier du Sahara occidental, mais également sur des questions d'ordre personnel entre Emmanuel Macron et le roi Mohamed VI[194]. Cette situation est d'autant plus dommageable qu'en 2017, l'arrivée du nouveau président français avait été saluée de manière dithyrambique au Palais. À l'époque, la revue Maroc diplomatique écrivait : « Doué, intelligent, le locataire du palais de l'Élysée a aussi provoqué une part de chance par son talent et sa vision. »

Alors qu'à la fin de l'année 2023, les tensions diplomatiques redescendaient d'un cran, la nomination de Stéphane Séjourné

194. https://www.lefigaro.fr/international/stephane-sejourne-au-ma-roc-pour-ouvrir-un-nouveau-chapitre-dans-la-relation-entre-les-deux-pays-20240225

a, de nouveau, envoyé un très mauvais signal au roi. Dans ses précédentes fonctions, lorsqu'il était à la tête du groupe Renaissance au Parlement européen, le ministre de l'Europe et des Affaires étrangères y avait, en mars 2023, porté deux résolutions hostiles au Maroc, devenant ainsi la bête noire de Rabat[195]. La presse marocaine voyait dans « ces manœuvres, une volonté directe de l'Élysée de descendre symboliquement le Maroc, le seul pays qui constituerait une menace pour les intérêts français dans la région. »[196] Des propos bravaches, le Maroc est loin d'être le seul danger. Toujours est-il qu'un mois et demi après son arrivée sous les ors du Quai d'Orsay, Stéphane Séjourné se rendait à Rabat et qualifiait *d'exceptionnel* le lien entre les deux États[197]. Cela ne suffira pas, un dégel des relations serait néanmoins bienvenu. Pour la première fois de son histoire, la France a réussi la prouesse de se fâcher, en même temps, avec les deux frères ennemis que sont le Maroc et l'Algérie...

Autre nouvel entrant dans le Sahel : l'Iran, avec une arrivée remarquée et ô combien redoutée par les États-Unis. En moins de six mois, au cours du deuxième semestre 2023, il a poussé la porte de trois pays sahéliens : Mali, Niger et Burkina Faso. À Ouagadougou, Téhéran a paraphé pas moins de huit accords de coopération et pas un ne concerne des activités militaires, comme l'armement, les drones, les conseils en matière de guerre

---

195. https://www.maroc-hebdo.press.ma/stephane-sejourne-maroc-france
196. https://www.maroc-hebdo.press.ma/stephane-sejourne-maroc-france
197. https://www.aa.com.tr/fr/monde/france-maroc-st%C3%A9phane-s%C3%A9journ%C3%A9-%C3%A9voque-une-feuille-de-route-pour-re-nouveler-le-lien-entre-les-deux-pays/3148289

asymétrique dans lesquels ils étaient attendus. De manière surprenante, les Iraniens interviennent dans des secteurs qui étaient jusque-là marqués par la forte présence des Occidentaux : enseignement supérieur, urbanisme, énergie, etc.[198]

De son côté, la Chine se contente de renforcer ses positions, très présente économiquement, elle joue peu sur le terrain politique. La Turquie occupe la place depuis longtemps, mais l'importance de ses drones Bayraktar dans le conflit sahélien en fait un acteur qui pèse de plus en plus dans la région. Il faut compter aussi avec tous les autres, l'Inde, les pays du Golfe et même la Corée du Nord, État avec lequel le Burkina Faso a renoué des relations diplomatiques en mars 2023.

Dans ce grand chambardement, chacun joue ses intérêts et la France, comme la mer, se retire. Un grand gâchis, car au fond, cette politique n'a servi personne, ni les Sahéliens ni Paris. Dans son audition à l'Assemblée nationale, le chef d'état-major, le général Burkhard, emploie cinq fois le mot souveraineté en parlant des pays africains, il dit aussi : « notre façon de parler importe, elle s'inscrit dans le champ des perceptions ». Ce discours très nouveau, n'est-il point tardif ? Dès 2017, les mots souveraineté, non-ingérence, respect sous toutes ses formes étaient déjà dans la liste des revendications des Sahéliens. Dans des pays où 70 % de la population a moins de 35 ans, il faut mesurer le désir de changement. Mais le président français et ses

---

198. https://www.aa.com.tr/fr/afrique/le-burkina-faso-et-l-iran-signent-8-accords-de-coop%C3%A9ration/3009574#:~:text=Le%20Burkina%20Faso%20et%20la,appris%20vendredi%20de%20source%20diplomatique

Tous contre la France

ministres successifs ont continué d'agir comme au siècle dernier, se drapant toujours dans les habits d'une nation indispensable.

Le chef d'état-major pointe également la guerre informationnelle, sans toutefois nommer la Russie, même si elle est dans tous les esprits. Elle n'a eu aucun rôle dans l'organisation des coups d'État, elle s'est contentée de s'engouffrer dans l'espace ouvert par les erreurs de Paris. Cependant, elle a soufflé sur les braises en payant la confection de drapeaux ici, des manifestants là. Les fermes de trolls, certains panafricanistes stipendiés, les campagnes de désinformation sont une réalité. Cela dit, si ces méthodes prennent une autre forme avec les réseaux sociaux, Moscou n'a pas inventé le discours antifrançais. Il est porté depuis le milieu des années 1980 par Survie, une association dont le fondateur, feu François Xavier Vershave, a créé le terme de « Françafrique ». Depuis la chute du mur de Berlin, les Américains ont financé des centaines d'ONG et d'activistes chargés de colporter ce discours. Pour autant, la Russie est-elle responsable des récents déboires de la France en Afrique? Non, ces déconvenues s'inscrivent plutôt dans une lame de fond, un vent fort venu du sud. Même le patron de la diplomatie européenne en convient: «la domination occidentale a pris fin». Et Josep Borrell de mettre en garde «contre une géopolitique de l'Occident contre le reste». Au passage, il reconnaît également que la politique «de deux poids, deux mesures»[199] a distendu les liens entre l'Europe et les pays du Sud, il était temps. Les changements, y compris de mentalité, s'opèrent à un rythme soutenu.

---

199. https://www.eeas.europa.eu/eeas/munich-security-conference-four-tasks-eu%E2%80%99s-geopolitical-agenda_en#top

Et la tempête n'est pas terminée. Le projet d'installer de nouvelles bases américaines dans le golfe de Guinée laisse présager un nouveau terrain d'affrontement, en Afrique de l'Ouest, entre l'Occident et l'axe Chine/Russie/Iran. Avec possiblement une présence accrue de l'OTAN dans la région.

Dans un document de l'Alliance publié en 2019, le rapporteur de l'institution écrivait de manière prémonitoire[200] : «Si nous n'occupons pas le terrain, alors, des pays comme la Chine, la Russie et d'autres encore continueront à nouer des relations cordiales, et à puiser dans les ressources en échange de la construction d'infrastructures. Ils élargiront leur sphère d'influence et nous laisseront loin derrière.» Lors du dernier sommet de l'Alliance à Vilnius en juillet 2023, cette volonté semblait émoussée en raison de la guerre en Ukraine. Elle n'est pourtant pas abandonnée.

Historiquement, la France a toujours refusé une intervention de l'OTAN dans les pays d'Afrique francophone, cependant cette époque est révolue.Désormais quel sera le rôle de Paris dans la région ? Celui d'un 32e allié de l'Alliance et/ou d'un 27e État membre de l'UE ? Sous leadership américain ou allemand ?!

---

200. https://www.iveris.eu/list/notes/290-le_pivot_africain

Chapitre XIII
La France contre elle-même

La manière dont les Américains ont été invités à quitter le Niger, en mars 2024, illustre magistralement l'incroyable rapidité des changements. Malgré la déclaration ferme et sans ambiguïté de la junte, Washington ne compte pas en rester là et subir sans mot dire cette humiliation. La porte-parole du Pentagone assure maintenir des canaux de « dialogues ouverts » en espérant que ce « partenariat se poursuive »[201]. Un nouveau bras de fer s'engage, dont personne ne peut prédire l'issue. Côté français, une petite musique jubilatoire se fait entendre. La presse évoque « l'échec de la méthode douce américaine »[202], le journal *l'Opinion* cite les propos d'un diplomate : « Si nos partenaires nous avaient écoutés,

---

201. https://www.defense.gov/News/Transcripts/Transcript/Article/3710176/deputy-pentagon-press-secretary-sabrina-singh-holds-an-off-camera-on-the-record/
202. https://www.france24.com/fr/afrique/20240318-niger-apr%C3%A8s-le-d%C3%A9part-de-la-france-l-%C3%A9chec-de-la-m%C3%A9thode-douce-am%C3%A9ricaine

nous n'en serions jamais arrivés là. »[203] Ah si Washington avait été solidaire de Paris, Dieu que la guerre aurait été jolie ! Du sang, des larmes, mais le président déchu, Mohamed Bazoum, aurait été remis sur son trône contre la volonté de la majorité de son peuple et de tous les corps de l'armée unis, et tout se serait bien fini.

L'opinion publique ouest-africaine, en revanche, a plutôt tendance à saluer l'audace et le courage des autorités nigériennes. Ces réactions s'inscrivent, une nouvelle fois, dans le désir d'indépendance et de contestation envers l'Occident. Un camp dans lequel la France est désormais totalement englobée. Car, outre sa gestion du Sahel, elle subit l'effet boomerang de son retour dans le commandement intégré de l'OTAN en 2009. Un retour qui a signé la banalisation de sa voix dans le concert des nations. Une voix qui avait la vocation diplomatique de pont entre l'Est et l'Ouest, le Nord et le Sud. La fin de cette singularité s'est matérialisée dès 2011 par les guerres en Syrie, en Côte d'Ivoire et en Libye. Les conflits dans ces deux derniers pays ont fait naître la lame de fond de la révolte qui atteint son point de rupture aujourd'hui. Paris est donc perçu, à juste titre, comme parfaitement aligné dans ce camp-là, comme le montrent d'ailleurs ses positions sur l'Ukraine et sur Gaza.

Dans ces conditions, la création de bases franco-américaines, comme le laissait entrevoir le chef d'état-major Thierry Burkhard lors de son audition à l'Assemblée nationale en janvier 2024, est-elle une idée judicieuse ? D'une part, cela renforcerait l'image d'un total alignement ; de l'autre, ce ne serait plus un

____

203. https://www.lopinion.fr/international/comment-les-etats-unis-ont-subi-lhumiliation-du-siecle-au-niger

projet concerté avec les États concernés, comme annoncé dans la feuille de route de Jean-Marie Bockel ; enfin, quel bénéfice peut être tiré d'une alliance entre deux pays désavoués par les opinions publiques ?

Si d'aventure, ce projet se concrétisait, ce serait la pire des solutions. L'armée française ne serait plus considérée comme un partenaire de certains États, mais comme un supplétif des Américains. Cela reviendrait à se tirer une nouvelle balle dans le pied.

Or l'armée est déjà la première victime de la politique menée au cours de ces dernières années. Après avoir été encensée, applaudie lors de l'opération Serval en 2013, elle a été ensablée, embourbée, critiquée et obligée de quitter des théâtres d'opérations de la plus déplaisante des façons. Selon la célèbre maxime de Clausewitz, la guerre n'est que la continuation d'une politique par d'autres moyens. Mais lorsque celle-ci fait défaut, lorsqu'il n'y a pas de cohérence, lorsqu'elle est mise en permanence dans une situation de porte-à-faux, face à un chef d'État qui décide seul, la situation se complique. L'armée a été laissée en première ligne dans un combat qui ne peut se gagner sans concertation avec les pays concernés et sans diplomatie. Arriva alors ce qui devait arriver, elle n'a pas été en capacité de contribuer au retour de la sécurité et a perdu sa légitimité.

Car, au-delà de la vague qui vient du Sud, il est évident que, si la paix avait été restaurée, la France n'aurait pas été contestée. Les Américains sont chassés du Niger pour des raisons identiques. Dans leurs bagages, les Russes, les Turcs, les Iraniens arrivent avec une offre différente. Ils ne prétendent pas connaître

La France contre elle-même

mieux le pays que les armées nationales. Ils ne s'ingèrent ni dans la politique intérieure ni dans le conflit, ils fournissent et/ou vendent des armes, du matériel qui permettent aux militaires sahéliens de maîtriser leur ciel. Ils les laissent mener leur guerre selon leur propre stratégie en définissant eux-mêmes leurs ennemis. Emmanuel Macron et ses ministres des Armées ont, eux, et malgré l'échec qui se profilait dès 2017, continué à faire toujours plus *de* la même chose, sans faire preuve d'humilité.

La suite est désormais connue. La faute à pas de chance, l'annonce du départ de l'armée française du Mali est tombée au pire moment, le 17 février 2022, soit cinq jours avant le déclenchement du conflit ukrainien. La reine était nue. Car, son modèle n'a pas été conçu pour livrer une guerre de haute intensité, mais calibré pour être le gendarme de l'Afrique : évacuer les ressortissants, garantir le fauteuil des présidents, lutter contre les djihadistes. Par confort, par absence de vision, tout le monde s'est contenté de ce rôle aux dividendes diplomatiques et politiques attrayants.

En 2022, quand la bise fut venue, les armées se retrouvèrent fort dépourvues, parfaitement inadaptées aux enjeux de sécurité européens. Elles sont dites échantillonnaire*s* ou *bonzaï,* ce qui signifie : de tout mais un peu. Certes, elles sont modernisées, mais sur un postulat de mobilité et de légèreté adapté au terrain africain. Le format était tout de même onéreux, car sur le théâtre sahélien sont arrivés des Rafales, des véhicules de combats d'infanterie et autres Caesar pour permettre à ces équipements d'avoir le sceau « testé en opération ». Les opérations extérieures servent aussi à cela : expérimenter et labéliser.

Paradoxalement, Emmanuel Macron aura été le meilleur président en termes de budget. La loi de programmation militaire, qui court sur les années 2024-2030, est en augmentation de plus de 100 milliards d'euros. Une progression, certes, mais habile puisque les dépenses les plus importantes ne seront engagées qu'après 2027, soit lorsque le chef de l'État aura quitté l'Élysée. Il n'est pas responsable non plus de tous les malheurs de l'institution. La lente descente aux enfers a débuté dans les années 1980 avec des budgets systématiquement sous-dimensionnés. Le président français aura seulement mis la touche finale au processus de marginalisation et, par son style inimitable, cristallisé les rancœurs et les rejets.

Les conséquences de cette défaite auront une cascade de répercussions majeures. Certaines sont déjà tangibles. En juillet 2021, le chef d'état-major, le général Lecointre affirmait ne pas avoir, contrairement aux autres pays européens, de problème de recrutement[204]. Or en 2023, il manquait 3 000 militaires à l'appel, une situation inédite depuis dix ans. Dix ans, comme par hasard, pour rappel, l'opération Serval a débuté en janvier 2013[205]. Évidemment, les jeunes gens ne rêvent pas d'arpenter les couloirs du métro dans le cadre de l'opération Sentinelle ni de se retrouver dans la boue glacée aux confins de la Lituanie ou de la Roumanie. L'Adrar des Ifoghas, les dunes du Sahel parlent mieux à l'imaginaire. Il y a aussi et bien sûr tous les à-côtés corporatistes : pour

---

204. https://theatrum-belli.com/audition-du-general-darmee-francois-le-cointre-commission-defense-de-lassemblee-nationale-7-juillet-2021/
205. https://www.tf1info.fr/societe/video-reportage-tf1-armee-de-terre-comment-expliquer-la-crise-inedite-de-recrutement-2274627.html

des raisons professionnelles, les militaires adorent les opérations extérieures en Afrique, les avantages financiers, les primes comptent aussi. Ce corporatisme ne représente que le sommet de l'iceberg, il est une petite partie de l'équation. Le coup porté en termes d'image est autrement plus important. Avant la défaite sahélienne, les Français étaient vus comme réactifs, adaptés dans la lutte contre le terrorisme. À partir du départ des pays africains, l'armée perd son caractère de grande armée d'Europe, enviée par tous ses partenaires. Sans cette spécificité-là, elle se banalise et devient un allié de l'OTAN comme un autre, une armée d'un État membre de l'Union européenne comme une autre.

La deuxième victime est la diplomatie, victime d'elle-même en quelque sorte, puisque la raison de l'échec est à mettre sur le compte de son atrophie. Au Sahel, tout au long de ces dix dernières années, elle ne s'est jamais montrée. Enfin, en 2022, Emmanuel Macron pose son diagnostic : le Quai d'Orsay est un grand corps malade. Aux bons constats, les mauvaises solutions : il dissout le corps diplomatique. Finis le métier, les compétences, les spécialisations, la passion pour les grandes questions internationales : les hauts fonctionnaires sont interchangeables. Un grand flic pourra devenir ambassadeur en Zambie, ou ailleurs. En 2023, toujours conscient des faiblesses du ministère des Affaires étrangères, l'hôte de l'Élysée décide de « réarmer la diplomatie », le ministre de l'Économie et des Finances lui accorde une hausse budgétaire de 293 millions d'euros[206]. En 2024, devenu

---

206. https://www.diplomatie.gouv.fr/fr/le-ministere-et-son-reseau/missions-organisation/article/le-budget-2024-du-ministere-de-l-europe-et-des-affaires-etrangeres-un-budget-en

soldat révolutionnaire, Bruno Lemaire, passé maître dans l'art des coupes, pratique une saignée, moins 667 millions d'euros de crédits[207]. Et, la liste des festivités n'est pas terminée… À la nomination de Stéphane Séjourné, le ministère de l'Europe et des Affaires étrangères se voit rétrogradé à la 9ᵉ place dans l'ordre protocolaire du gouvernement, une première dans l'histoire de la 5ᵉ République. Jamais le Quai d'Orsay n'était tombé si bas, la plus mauvaise des positions ayant été attribuée à Michel Barnier, 7ᵉ sous Jacques Chirac. Cette dégringolade est, en quelque sorte, une reconnaissance du statut de candide du nouvel arrivant. Parlementaire européen, Stéphane Séjourné n'a jamais siégé à la Commission des Affaires étrangères ni à la sous-commission sécurité et défense. Dommage, il aurait pu s'y familiariser avec certains sujets, certaines notions. Comment prétendre lutter contre le grand effacement et partir à la guerre avec un chef sans galons, sans poudre et sans canons ?

Pour faire bonne mesure, il faudrait également ajouter les fautes, les erreurs, les aberrations et la mauvaise utilisation des outils de l'influence française : la nomination d'un ambassadeur LGBT révélant ainsi une incompréhension totale des réalités sociales et culturelles du continent ; une politique des visas contreproductive avec des procédures longues, complexes, humiliantes et des refus non justifiés[208] ; l'aide au développement utilisée comme une arme punitive contre les pays récalcitrants.

---

207. CGT État | Décret sur les 10 milliards d'euros de coupes budgétaires : la fuite en avant austéritaire continue (cgtetat.fr)
208. https://www.assemblee-nationale.fr/dyn/16/rapports/cion_afetr/l16b1841_rapport-information#

À cette litanie s'ajoute également une perle, un bijou, une merveille, celle d'avoir confié l'Organisation internationale de la francophonie (OIF) à une anglophone ! En 2018, la France a pesé de tout son poids pour que la direction de cette organisation revienne à Louise Mushikiwabo, ancienne ministre des Affaires étrangères du Rwanda. Les véritables raisons d'un tel soutien n'ont jamais vraiment été élucidées, s'agissait-il seulement de contenter le président Paul Kagamé[209] ? Toujours est-il que cette nomination fâchera 95 millions d'habitants de la République démocratique du Congo, agressés à l'est de leur pays depuis 1996 par le voisin rwandais. Sur 320 millions de francophones et à la veille d'un grand sommet organisé en octobre 2024 à Villers-Cotterêts, l'OIF risque d'être amputée d'un tiers de son poids. En effet, Kinshasa menace de se retirer de l'Organisation[210]. Le Niger, pays de 25 millions d'habitants, a déjà claqué la porte de l'institution à la suite de sa suspension de l'OIF après le coup d'État. À ces déçus se joignent les centaines de milliers de francophiles par le monde, désespérés devant l'utilisation débridée des anglicismes au plus haut sommet de l'État et par la manière dont certains dirigeants français torturent parfois la langue de Molière.

Mais en courageux soldat de l'An II, Stéphane Séjourné reprend les choses en main. Il a décidé de faire du mois d'avril 2024, « un temps fort pour l'une des grandes priorités de notre

---

209. https://www.iveris.eu/list/notes_danalyse/376-oif__quatre_ans_de_mal-heurs
210. https://frances.prensa-latina.cu/2024/03/21/la-rdc-pourrait-se-reti-rer-de-lorganisation-internationale-de-la-francophonie/

diplomatie française: l'Afrique »[211]. Pour se familiariser et prendre le pouls du continent, il a préparé ce « temps fort » en invitant les acteurs de la « diaspora franco-africaine » (*sic*) « pour les écouter, réfléchir ensemble sur comment mieux les associer à notre politique étrangère ». Peut-être faudrait-il expliquer au ministre que, par essence, une diaspora ne peut pas être française et que, par ailleurs, elle a déjà été associée, c'était même la marotte du premier quinquennat. Enfants des élites, vivant en Occident, cette diaspora invitée sous les ors de la République ne représente qu'elle-même et donne une image faussée de la réalité. Retour à la case départ ?

Stéphane Séjourné a ensuite entrepris une tournée dans trois pays africains où selon le Quai d'Orsay « les relations bilatérales sont bonnes », au Kenya, en Côte d'Ivoire et au Rwanda. Il s'est rendu à Kigali pour commémorer le génocide de 1994 sur fond de vives polémiques, la communication de l'Élysée ayant envoyé un texte aux médias dans lequel Emmanuel Macron a poussé le bouchon de la repentance un pont trop loin : « Le chef de l'État rappellera que la France, qui aurait pu arrêter le génocide avec ses alliés, n'en a pas eu la volonté. » Puis il a rétropédalé, fâchant ainsi les deux camps, ceux qui se réjouissaient de ce *mea culpa*, pourtant historiquement erroné, et ceux qui défendent depuis 30 ans l'action de l'armée française lors de ce génocide[212].

---

211. https://twitter.com/steph_sejourne
212. https://www.rfi.fr/fr/afrique/20240408-rwanda-president-paul-kaga-me-balaie-pol%C3%A9mique-propos-emmanuel-macron-g%C3%A9no-cide-tutsi-anniversaire-mitterand-communication

Si l'Afrique est encore une priorité de la politique étrangère de la France, peut-être faudrait-il éviter de marquer des buts contre son camp ? D'autant que le chantier est immense et complexe. La petite musique de l'exécutif consiste à nier avoir subi une défaite en rase campagne et à montrer qu'il garde la situation en main. Ainsi, lors d'un débat à l'Assemblée nationale consacré à l'Afrique en novembre 2023, Catherine Colonna a introduit son propos ainsi : « L'attitude à notre égard de trois juntes ne doit pas occulter les bonnes relations et je dirais même les très bonnes relations que nous entretenons avec l'immense majorité des pays africains. »[213] Qu'en est-il exactement ?

En prenant en compte les tremblements du monde et en gardant à l'esprit que rien n'est figé, les pays où historiquement la France a exercé son influence pourraient se diviser en plusieurs catégories. Les États qui ont tourné leur regard vers d'autres horizons : Centrafrique, Mali, Burkina Faso, Niger ; ceux où Paris reste un acteur symbolique, mais plus déterminant : Congo Brazzaville, Cameroun, Togo ; ceux où la collaboration franco-américaine est déjà bien engagée, comme le Bénin qui, tout en cherchant à entretenir de bonnes relations avec la Russie[214], fait figure de pays pilote dans le projet de nouvelle alliance militaire entre Paris et Washington. Selon des sources nigériennes, ces deux capitales coopèrent à partir du nord du Bénin, à la

---

213. https://www.vie-publique.fr/discours/292004-catherine-colonna-21112023-france-afrique#:~:text=Texte%20int%C3%A9gral,associer%20pleinement%20la%20repr%C3%A9sentation%20nationale
214. https://www.msn.com/fr-xl/afrique-de-l-ouest/benin-actualite/coop%C3%A9ration-b%C3%A9nin-russie-olushegun-adjadi-bakari-et-sergue%C3%AF-lavrov-%C3%A9changent-sur-leur-futur-partenariat/ar-BB1kYIYu

frontière avec le Niger, pour surveiller les pays de l'Alliance des États du Sahel. Idem pour la Guinée Conakry où le duo soutient le général Mamadi Doumbouya, même s'il n'y a pas d'implantations militaires conjointes. Toutefois, des rumeurs laissent à penser que l'idée est envisagée. Ce serait somme toute logique, puisque la Guinée tient une place stratégique dans le golfe éponyme. Le Gabon se joint aussi à cette catégorie-là. Quatre mois avant le putsch d'août 2023 qui l'a renversé, Ali Bongo avait conclu un accord historique autorisant les Chinois à construire une base navale à Port-Gentil[215]. Son tombeur, le général Oligui Nguema, subit de fortes pressions du couple franco-américain pour dénoncer ledit accord. Cédera-t-il ? Suspens... Restaient deux États encore considérés comme des bastions de l'influence française : le Sénégal et la Côte d'Ivoire. Cependant, l'élection présidentielle du 24 mars 2024 a changé la donne avec la victoire de Bassirou Diomaye Faye. Son parti, le PASTEF, a fait campagne sur la rupture avec l'ancienne puissance coloniale et la fin du franc CFA. Abidjan fait donc figure de dernier îlot, mais peut-être est-elle, elle aussi promise à la mutualisation franco-américaine ? Enfin, *quid* de l'énigme tchadienne ? Bien malin celui qui pourrait prédire dans quel camp le Tchad sera rangé dans un avenir pas si lointain. Si l'élection présidentielle du 6 mai 2024 semble jouée d'avance, les suites de ce scrutin, tant sur le plan intérieur que sur l'avenir des partenaires extérieurs, font figure d'équations à multiples inconnues. Le chef état-major de l'armée de l'air a déjà demandé le départ des forces américaines

---

215. https://www.ledialogue.fr/975/Une-base-navale-Chinoise-au-Gabon%E2%80%A6-les-jeux-sont-ils-faits

de la base aérienne de Kosseï, située près de l'aéroport de Ndjamena[216]. Les temps à venir promettent d'être mouvementés.

Depuis le début de son premier quinquennat, et pour se défaire de la relation pesante et alambiquée avec les anciennes colonies, Emmanuel Macron a essayé de s'ouvrir aux pays anglophones, notamment le Nigéria. Un État qui, tout en restant proche de Washington, a officiellement demandé son adhésion au BRICS en août 2023. Le nouveau monde…

… Et l'ancien monde, avec une guerre moyenâgeuse qui se déroule depuis un an au Soudan, avec son lot d'horreurs, de famine, d'enlèvements de femmes et d'enfants et de morts dont personne n'est en mesure de chiffrer exactement le nombre. Les Nations unies comptabilisent 13 000 victimes, mais d'autres sources estiment ces données très largement sous-estimées[217]. Syndrome de Fachoda[218] oblige, la France joue un rôle marginal dans ce conflit qui pourtant impacte fortement le Tchad voisin. Il est vrai aussi que les Émirats arabes unis, alliés inconditionnels de Paris, alimentent les hostilités en soutenant massivement l'un des deux belligérants. Alors, pour montrer sa préoccupation, son implication, sans avoir à prendre parti, le 15 avril 2024 la France a organisé avec l'Allemagne et l'Union européenne

---

216. https://edition.cnn.com/2024/04/18/politics/chad-us-troops-threat/index.html
217. Pour le chercheur Jalel Harchaoui, il faudrait multiplier ce nombre par six ou sept. 9 millions de Soudanais sont des déplacés internes et 3,6 millions sont réfugiés, dont un million au Tchad en provenance de la région du Darfour.
218. En 1898, Français et Britanniques se disputent la région du Haut-Nil. Ils se retrouvent face à face à Fachoda, une ville du Soudan. Les premiers doivent s'incliner devant les seconds. Cette défaite humiliante marquera les Français et est retenue dans l'histoire comme le « syndrome de Fachoda ».

une grande conférence humanitaire ! Diplomatiquement, la réussite n'était pas au rendez-vous puisqu'aucun pays qui joue un rôle dans la crise soudanaise n'était présent, ni l'Arabie Saoudite, ni les Émirats arabes unis, ni le Qatar, ni l'Égypte n'ont daigné y participer. L'Union africaine n'était représentée que par sa commissaire aux affaires humanitaires ! Financièrement, en revanche, ce fut un succès avec plus de 2 milliards d'euros engrangés. Mais comme dit l'adage, les promesses n'engagent que ceux qui y croient...

Ces grandes conférences humanitaires ne sont que des révélateurs de l'état de mort cérébrale de la politique étrangère française. En novembre 2023, le président de la République a agi de la même manière à propos de la guerre à Gaza. Il a convié à Paris tous les acteurs impliqués dans la réponse humanitaire de l'enclave palestinienne, pour quels résultats ? Cet événement faisait suite à son initiative de créer une coalition anti-Hamas sur le modèle de celle contre l'État islamique au Moyen-Orient. Cette proposition aussi déraisonnable qu'irréaliste, affichant un soutien inconditionnel à Israël, n'a trouvé grâce aux yeux de personne, même pas auprès de Benjamin Netanyahou ! Ni auprès des alliés qui ont regardé le chef de l'État s'enferrer ni auprès des capitales arabes. Cette proposition, soufflée par Bernard-Henri Levy, selon le journal *Libération*, a contribué à dégrader encore un peu plus l'image de la France dans cette région du monde. Et pourtant, elle était déjà blafarde, au point qu'en 2020, le Quai d'Orsay a créé un nouveau poste, celui d'envoyé spécial chargé du rayonnement et de l'influence dans le monde arabo-mu-sulman ! Paris est désormais inaudible et doit se contenter de la place de porteur de messages entre les capitales du Proche-Orient. Depuis six mois, les images insoutenables de la tragédie gazaouie défilent sur les écrans de toute la planète. Devant les morts, les blessés, la famine, les destructions, la France reste passive. Mais elle se vante d'agir en parachutant de l'aide sur l'enclave, alors qu'en agissant ainsi elle dévoile son impuissance. Si Paris n'avait pas perdu sa voix singulière, si elle s'était battue avec vaillance pour obtenir un cessez-le-feu, pour arracher l'ouverture du point de passage de Rafah, son image aurait repris des couleurs partout sur la planète, du Moyen-Orient jusqu'en Afrique. Mais il ne sert à rien de disserter sur ce qui aurait pu avoir lieu, puisque la messe est dite.

Cet effacement de la France dans les affaires du monde aura indubitablement des conséquences en cascade, mais en ce qui concerne sa place au sein des Nations unies, c'est surtout l'Afrique qui compte. Selon un diplomate de la grande maison de verre de New York, en dehors des importantes crises comme celle de l'Ukraine ou de Gaza, l'Afrique occupe environ – il n'existe pas de chiffres précis – 60 % à 70 % de la charge de travail de cette institution ; et c'est la diplomatie française qui rédige 80 % des résolutions la concernant. Dorénavant, quelle sera sa légitimité pour occuper ce rôle-là ? Nécessairement, il y aura un effet domino. Elle pèsera moins, par conséquent le nombre de Français travaillant dans les agences onusiennes ou siégeant dans les organisations multilatérales diminuera, entraînant une baisse de son influence, et cætera, et cætera. Sans parler évidemment des 14 voix des pays francophones à l'ONU, si chères au général de Gaulle, qui avait lié la décolonisation à cette seule condition : que ces États joignent leurs votes à celui de la France. Elles sont, bien entendu, déjà perdues, y compris dans des pays comme le Sénégal qui n'a pas voté la résolution de mars 2022 condamnant la Russie. À quelques jours de son départ du palais présidentiel, Macky Sall confiait à un de ses visiteurs du soir : « Emmanuel Macron n'a pas supporté la position de neutralité de mon pays. » Oui, mais... l'époque est définitivement révolue.

Effet boule de neige, toutes les conséquences s'enchaînent. Les Européens, Allemands et Italiens en tête, se réjouissent de voir la France abandonner sa puissance mondiale, enfin elle se « normalise », elle rentre dans le rang et devient un pays de l'UE comme un autre. Après le coup d'État au Niger, lors des tensions quant à une éventuelle guerre, dans les couloirs du parlement, un député européen me rapportait la jubilation qu'il constatait chez certains de ses homologues. « En Afrique, la France a tout perdu sauf son arrogance ! » Inévitablement, l'effacement de l'influence française sur le continent provoquera un changement des rapports de force à Bruxelles. Lors des arbitrages, y compris sur des questions hors du champ des relations internationales et des questions de défense, comme l'agriculture, par exemple, les avis et les desiderata de Paris compteront moins... Pour le plus grand bonheur de Berlin qui saura à coup sûr en tirer parti !

Dans ces conditions, il ne serait pas surprenant de voir les Allemands ranimer le débat sur le partage de sa place au Conseil de sécurité. Berlin agite depuis longtemps l'idée que le siège de membre permanent de la France revienne à l'ensemble de l'UE. Une proposition à laquelle Paris a toujours opposé une fin de non-recevoir catégorique... Mais, avec la fin de sa relation spéciale avec l'Afrique, avec la perte des votes aux Nations unies, c'est une raison de moins pour maintenir sa particularité au Conseil de sécurité, une raison de plus, diront certains, pour transformer son siège en une place pour l'UE. Et Paris boira le calice jusqu'à la lie… La défaite au Sahel ou l'effet papillon…

CONCLUSION
LA TENTATION DE L'ÉCHEC PERMANENT

Au cours des deux années écoulées, l'édifice brinquebalant sur lequel se reposait la France depuis les indépendances s'est effondré comme un château de cartes. L'histoire a retenu le syndrome de Fachoda, symbole d'une défaite humiliante de l'empire français contre l'Empire britannique au Soudan, en 1898. Désormais, s'y ajoutera le syndrome de Bamako, représentant une série d'échecs en cascade. Le feu naît au Mali et se propage à la vitesse de l'éclair dans toute la région. Il faut rendre à César ce qui appartient à César, par ses fautes à répétition, Emmanuel Macron aura, à son insu, été le président de la 5ᵉ République qui a brisé les dernières chaînes de l'ère coloniale.

L'aventure aurait pu néanmoins prendre une autre tournure. Au lieu de subir, il eût mieux valu agir. Mais, dès son premier discours-fleuve à Ouagadougou, en 2017, le chef de l'État s'est vanté de ne pas avoir de politique africaine. Il s'est donc laissé ballotter par les événements, toujours dans l'urgence, en réaction en lieu et place d'une stratégie et d'une vision. Il aurait pourtant suffi de tenir compte du bouleversement des plaques tectoniques en cours et répondre aux attentes fortes des pays partenaires avec, par exemple, des coopérations dans l'énergie et l'industrialisation, deux points vitaux pour le développement de ces États. Par ailleurs, si souvent décriés par tous les panafricanistes, les aspects économiques n'ont pas été déterminants ni pendant les crises ni après. Les entreprises françaises engagées sur le continent n'ont pas été les plus affectées par ce grand coup de balai[219].

En revanche, la déroute de la France entraîne des conséquences lourdes sur sa place au sein des institutions internationales, de l'Union européenne et du Conseil de sécurité. Malgré cet enjeu majeur, les raisons des échecs successifs n'ont pas fait l'objet d'un retour d'expérience. Il y a quelques mois, je demandais à un diplomate comment les conseillers de l'Élysée vivaient la défaite au Sahel ? : « Oh vous savez, me répondit-il, ils sont très détendus, ce ne sont pas eux qui ont commencé ! » Oui, mais ils ont mal fini... Après sept années à diriger la 7e puissance du monde, le président qui ne savait pas qu'il ne savait pas, ne sait toujours pas et commet les mêmes erreurs ailleurs. En Afrique, il n'y a que des coups à prendre, qu'à cela ne tienne, allons voir dans des contrées lointaines si l'herbe y est plus verte et le ciel plus bleu.

Dès l'été 2023, Emmanuel Macron a relancé son autre grand sujet de prédilection : l'Indopacifique. En voyage en juillet, au Vanuatu, il a défini les contours de sa vision : « la défense et la

____

219. https://www.lesechos.fr/monde/afrique-moyen-orient/en-afrique-le-grand-repli-des-entreprises-francaises-2084971

lutte contre le réchauffement climatique», avec «une boussole : la souveraineté des peuples et l'indépendance des États». Que de belles intentions! Sauf que l'Indopacifique n'est pas une stratégie, mais un concept, et avant tout maritime. Combien la marine française compte-t-elle de divisions pour un espace qui couvre du Pacifique jusqu'à l'océan Indien ?

Puis, ce sujet a vite été évacué, la crise nigérienne ayant rattrapé Emmanuel Macron au vol. Moins de quinze jours après avoir accepté de rapatrier les soldats et l'ambassadeur du Niger s'est ouverte la guerre à Gaza. L'Élysée n'a pas été puiser dans le vivier des arabisants spécialistes de la question israélo-palestinienne, pourtant nombreux en France. Son locataire a choisi d'échanger et de réfléchir avec un visiteur du soir. Le lapin est sorti du chapeau, la création d'une grande coalition anti-Hamas, dont Paris prendrait évidemment la direction. L'esprit de Takuba vit toujours! Désavoué par tous, le chef de l'État s'est détourné de la tragédie gazaouie, se contentant d'un service minimum et perdant ainsi une nouvelle fois sa voix. «La France n'a jamais été plus grande que lorsqu'elle parlait pour tous les hommes, et c'est pourquoi son silence s'entend de façon aussi poignante», écrivait Malraux.

Orphelin d'une grande crise pour exister sur la scène internationale, il a pris le dossier ukrainien à bras le corps. En janvier 2024, il a créé une coalition, dont la France a pris la tête, destinée à organiser le soutien militaire à Kiev. Puis, le jeune président impétueux qui voulait tout bousculer a remis son costume de chef de guerre. Pour les Africains de l'Ouest comme pour les observateurs de cette région, ses postures guerrières à l'encontre de la Russie ressemblent à s'y méprendre à celles de l'été dernier au Niger. Les similitudes s'arrêtent là. Si tous les conflits charrient leurs lots de souffrances humaines, ouvrir un front entre deux puissances nucléaires porte le danger à un autre niveau. Les Français ne paraissent pas s'en inquiéter outre mesure, en revanche, la presse internationale se perd en conjectures. Pourquoi le président français choisit-il la voie d'une escalade dangereuse ? Enverra-t-il 2 000 ou 20 000 soldats ? Où et pourquoi faire ? Pour lutter désespérément contre le grand effacement et surtout son corollaire, la marginalisation de son président. En difficulté sur la scène internationale et en politique intérieure à la veille des élections européennes, il adopte une posture autoritaire, comme lors de la convocation de Pau, comme lors de la crise au Niger, comme chaque fois qu'il se trouve dans une position délicate. En prime, pour mieux marquer les esprits, frapper de grands coups, il prend systématiquement le contrepied de la politique traditionnelle de la France, cette vocation de pont entre le Nord et le Sud. Donc forcément il perd, alors il double la mise…

Dans ces batailles, le commandant des soldats de l'An II utilise toujours les mêmes outils depuis le début de son premier quinquennat, les coups de menton et les changements de pied. En 2019, l'OTAN était « en état de mort cérébrale », en 2022, la France était « son meilleur allié » ; en 2022, il ne fallait pas « humilier la Russie », en 2024, « la Russie ne doit pas gagner ». En novembre 2022, lorsqu'il a présenté la Revue nationale stratégique, il voulait être « pourvoyeur de sécurité, de l'Afrique subsaharienne au golfe arabo-persique, en passant par la Corne de l'Afrique. » En 2024, il veut rapatrier presque en catimini les soldats déployés sur le continent.

Cette politique du canard sans tête décrédibilise et isole encore un peu plus Paris, pour le plus grand bonheur de certains alliés. Pour autant, ils auraient tort de se frotter les mains en espérant ramasser les miettes de l'empire. L'effacement de la France participe à la désoccidentalisation du monde et par conséquent à l'affaiblissement des Européens et des Américains et aux renforcements de leurs rivaux. Car dans la bataille entre l'Occident et l'axe Russie/Chine/Iran, l'enjeu consiste à conquérir ou à convertir les pays du Sud pour peser dans cette confrontation. Cela explique les entreprises de séduction des États-Unis dans les États où la France n'est plus présente. La guerre en Ukraine a cristallisé ses positions. À ce titre, le vote aux Nations unies, en mars 2022, d'une résolution exigeant la fin du recours à la force contre l'Ukraine, où seuls 28 pays africains sur 55 ont suivi les Occidentaux, a produit ses effets. D'un coup d'un seul, tout le monde s'est aperçu combien l'Afrique comptait. Au moment précis où Paris commençait à plier bagage au Mali...

Il y a encore quatre ou cinq ans, lors de colloques, les spécialistes des questions internationales pouvaient discourir pendant des heures sans jamais prononcer le mot Afrique. Cette partie du monde était vue, non sans un brin de dédain, comme une pièce de puzzle détachée du reste du globe. Aujourd'hui, ce serait impensable. Le continent s'est rattaché au planisphère. Qui a dit que l'Afrique n'était pas entrée dans l'histoire ?

Annexe n°1 : Le Groupe de soutien à l'islam et aux musulmans

Le Groupe de soutien à l'islam et aux musulmans ou **JNIM** (en arabe *Jama'a Nusrat ul-Islam wa al-Muslimin*) est l'organisation faîtière qui coordonne les différents groupes affiliés à Al-Qaïda au Mali d'abord puis, alors que le conflit s'étendait au-delà des frontières, au Niger et au Burkina Faso, et désormais dans plusieurs pays côtiers du sud. Il est né officiellement le 1er mars 2017 quand Iyad Ag Ghali, chef du groupe Ansar Dine, Djamel Okacha (AQMI), Amadou Koufa (Katiba Macina), Abou Hassan al-Ansari (Al Mourabitoune) et Abou Bderrahman El Senjadji (AQMI) ont diffusé une vidéo annonçant la fusion de leurs groupes à l'intérieur de la nouvelle organisation qui faisait allégeance à Al-Qaïda.

Le JNIM est issu d'Al-Qaïda au Maghreb islamique (AQMI), elle-même créée au Mali en 2007 par les combattants algériens du Groupe salafiste pour la prédication et le combat (GSPC), installés dans la région depuis le début des années 2000.

Le JNIM vise à remplacer les États par une autorité islamique conservatrice basée sur la charia. Il a développé une palette de tactiques militaires allant des assassinats ciblés aux enlèvements, aux attaques complexes et campagnes de grande échelle. L'une de ses spécialités est l'utilisation de la violence à distance, à travers des explosifs improvisés, des mines et des tirs de roquettes et de mortiers. Il s'en prend aux infrastructures militaires et civiles et a multiplié les blocus et embargos contre des villes et communautés qu'il accuse d'être complices de l'État malien. Après une phase agressive et violente de conquête, le JNIM s'installe dans la durée à travers une offre politique limitée, contrôlant les mœurs, prélevant des taxes et arbitrant les conflits locaux par le biais de la justice islamique.

Le chef du JNIM est le Touareg Iyad Ag Ghali, commandant du groupe Ansar Dine. Il est né le 1er janvier 1958 à Boghassa (région de Kidal), près de la frontière algérienne, dans une famille de l'ethnie Ifoghas. Comme beaucoup de jeunes Touareg de sa génération, ruinés par la grande sécheresse de 1973, il s'est installé en Libye dans les années 1970, a intégré l'armée et combattu sur les fronts étrangers, au Liban et au Tchad. Il s'est illustré lors de la rébellion des années 1990, dont il est devenu l'un de ses chefs les plus charismatiques, à la tête du Mouvement populaire de libération de l'Azawad (MPLA.) Il a été ensuite le négociateur en chef de la communauté touareg auprès du président malien après les accords de paix de 1992. En 1999 et 2003, il a servi d'intermédiaire dans la libération d'otages occidentaux détenus par le GSPC. Puis, en 2006, il a pris la tête d'une nouvelle rébellion contre des bases militaires dans la région de Kidal. L'année suivante, le président malien Amadou Toumani Toure l'a envoyé à Djeddah, en Arabie saoudite, comme consul honoraire. Depuis la fin des années 1990, Iyad Ag Ghali avait évolué idéologiquement suite à ses contacts avec le Tabligh et les salafistes. Expulsé d'Arabie saoudite en raison de sa proximité avec Al-Qaïda, il est rentré au Mali en 2010. À la fin de l'année 2011, il est poussé à créer Ansar Dine pour faire face à la naissance d'une nouvelle rébellion touareg, après le retour de Libye de centaines de combattants. À cette époque, il est déjà lié depuis longtemps à AQMI, notamment à travers son cousin Hamada Ag Hama, dit Abdelkrim Taleb, qui commande la katiba Al Ansar. Après la victoire sur les forces armées maliennes, acquise entre janvier et avril 2012 par les rebelles du Mouvement national de libération de l'Azawad (MNLA) et Ansar Dine combattant en parallèle, il rejoint AQMI et repousse les rebelles à la frontière algérienne. Le nord du Mali passe alors sous occupation djihadiste jusqu'à l'intervention militaire française Serval, en janvier 2013. Iyad Ag Ghali figure sur la liste du Comité des Nations unies chargé des sanctions contre Al-Qaïda, depuis le 25 février 2013, pour ses activités avec AQMI et le Mouvement pour l'unicité et le jihad en Afrique de l'Ouest (MUJAO).

On estime que le JNIM compte plus de 6 000 combattants, en nombre croissant. Les deux groupes les plus forts sont la katiba Macina, dans le delta central du Mali, et sa cadette Ansaroul Islam, au Burkina Faso. Au regard des vastes territoires contrôlés, on estime leurs effectifs à 2 000 combattants chacun au minimum, et sans doute davantage.

Ansar Dine, la katiba Al Forkane à Tombouctou et la katiba Serma pèsent environ 500 hommes chacune sur le sol malien. La katiba Serma commande également des combattants étrangers dans les pays côtiers au sud et à l'ouest. On estime le nombre de combattants de la katiba Gourma à 200.

Les combattants du JNIM restent au sein de leurs katibas locales, mais ils se coalisent en cas de nécessité contre des ennemis, particulièrement l'État islamique, et reçoivent ponctuellement l'appui de chefs aguerris venus d'autres unités. Avec sa couverture fine du territoire et une gouvernance disciplinée mais décentralisée, le JNIM contrôle désormais de très grands espaces.

Au Mali, il est composé de cinq émirats principaux qui s'étendent au Burkina Faso et au Niger. Iyad Ag Ghali chapeaute tous les groupes. Il dirige l'émirat de Kidal et Gao, à travers son chef d'état-major Sidane Ag Hitta, et c'est son fils Hamza qui commande le JNIM de Talataye, à la frontière des régions de Gao et Menaka, lieu d'affrontements soutenus avec l'État islamique. La région de Tombouctou et celle de Taoudeni sont sous le contrôle de Talha Al Libi, l'un des vétérans d'Al-Qaïda au Mali, qui supervise la frontière avec la Mauritanie et les régions du centre-est-sud-est du Mali. L'émirat du Macina est commandé par Amadou Koufa, un prêcheur peul local, originaire de la région de Mopti, à travers trois katibas : la katiba Macina, la katiba Serma and la katiba Ansaroul islam. La katiba Macina couvre toutes les régions du centre du Mali, ainsi que les régions du sud et de l'ouest, jusqu'aux frontières de la Mauritanie, du Sénégal, de la Guinée, de la Côte d'Ivoire et du Burkina Faso. La katiba Serma et Ansaroul Islam couvrent les régions de Bandiagara et Douentza, qui constituent ce qu'on appelle le pays Dogon et les régions de Ouayigouya, Thiou, Soum, Djibo et Dori au Burkina Faso. Elles s'étendent jusqu'au Niger (départements de Tera,

Torodi et Makalondi) et aux pays côtiers, à travers les parcs transfrontaliers. Ces katibas sont également supervisées par Amadou Koufa, le bras droit d'Iyad Ag Ghali. Dans les espaces qu'elles contrôlent, les populations s'acquittent de taxes mensuelles et d'une zakat annuelle. Ces revenus, ajoutés aux butins de guerre, financent l'émirat du Macina. Le cinquième émirat du JNIM est le Liptako-Gourma, sous le commandement d'Abou Hamza Al-Shenquity, mauritano-sahraoui. Il couvre les cercles de Rahrouss, Gossi, N'tililt, Doro, Hombori, jusqu'à Ansongo au Mali et Oudalane au Burkina Faso.

Le JNIM s'est parfaitement coulé dans le contexte local, tirant avantage des conflits préexistants tout en s'accommodant avec les notabilités locales, traditionnelles, religieuses et sociales. Certains élus locaux travaillent avec lui. Il dépense beaucoup d'énergie pour convaincre les cadis et marabouts locaux et, quand il n'y parvient pas, ils n'ont pas d'autre choix que de partir. La compétition pour la terre, les pâturages et l'eau ainsi que les inégalités sociales ont contribué puissamment au recrutement de l'organisation chez les jeunes bergers. Ensuite, les chefs locaux ont rejoint le JNIM à leur tour pour ne pas tout perdre. Les frustrations des groupes discriminés ont également joué un grand rôle, l'islam affirmant que tous les musulmans sont égaux et que l'eau et les pâturages appartiennent à Dieu. Dans les régions reculées des pays du Sahel, la persistance de pratiques féodales nourrit de grandes frustrations. Les conflits communautaires ont aussi poussé les gens à prendre les armes pour se défendre ou pour se venger.

L'État islamique province du Sahel (EIS), ancien État islamique au Grand Sahara (EIGS), est né en mai 2015 d'une suite de scissions au sein d'Al-Qaïda au Maghreb islamique, la dernière étant celle d'Al Mourabitoun par un groupe conduit par le Sahraoui Adnan Abou Walid. (Al Morabitoun était le résultat de la fusion du MUJAO avec le groupe des Signataires par le sang du célèbre commandant algérien Mokhtar Bel Mokhtar.)

L'État islamique au Grand Sahara a fonctionné de manière indépendante jusqu'en octobre 2016, date de sa reconnaissance formelle par l'État islamique. De mars 2019 à 2022, l'EIGS fut un démembrement de l'État islamique-Province d'Afrique de l'Ouest (ISWAP), jusqu'à son autonomisation en mars 2022 et sa nomination sur le même modèle que son ancienne tutelle.

Le fief du groupe est le Liptako-Gourma, qui s'étend des régions de Ménaka et Gao au Mali à celles de Tillabéry et Tahoua au Niger et à l'Oudalan au Burkina Faso. Les tentatives d'expansion du groupe au-delà de cette zone n'ont pas prospéré. Ses combattants sont surtout sur le territoire malien, même si beaucoup viennent à l'origine du Niger. L'État islamique au Sahel prospère sur les dynamiques sociales et communautaires et s'impose par une extrême brutalité aux dépens des populations. Son objectif est d'instaurer un État conservateur basé sur la charia, d'inspiration Takfiri.

Tous les chefs, sans exception, sont des Sahraouis. Le plus célèbre, Abou Walid Sahraoui surnommé AWAS, est né à Laâyoune au Sahara occidental en février 1973. Ancien cadre du Polisario, il est arrivé au Mali avec une dizaine de combattants pour rejoindre la katiba Al Furkane, à la fin des années 2000.

Pendant l'occupation djihadiste du nord du Mali, il est devenu le bras droit à Gao de Mokhtar Bel Mokhtar au sein du MUJAO.

La première attaque de l'État islamique a été enregistrée au Burkina Faso, à Markoye, le 1ᵉʳ septembre 2016, année où AWAS a épousé une femme peule de la région. Il est mort tué par une frappe de drone française, en 2021.

Bien qu'étant le groupe le plus violent au Sahel Central, l'État islamique n'a pas été vraiment combattu du côté malien de la frontière par les forces armées maliennes. Il a surtout dû affronter, dans ce pays, le JNIM et les milices d'autodéfense loyalistes touareg locales : le Mouvement pour le salut de l'Azawad (MSA), à prédominance daoussak, dirigé par Moussa Ag Acharatoumane, et le Groupe d'autodéfense touareg Imrad et alliés (GATIA), à prédominance Imrad, dirigé par Fahad Ag Almahmoud, très proche du général touareg pro-malien Elhadj Ag Gamou. Dans ces batailles, les belligérants ont perdu des centaines d'hommes depuis la fin 2019.

Cependant, l'Alliance des États du Sahel (AES), alliance tactique et stratégique conclue entre les trois pays du Sahel central sous l'impulsion de la junte arrivée au pouvoir au Niger le 26 juillet 2023, a abouti à des opérations coordonnées entre les trois armées nationales et, pour la première fois, un engagement militaire malien contre l'EIS. Du côté du Niger, une trêve officieuse a prévalu sous l'égide du président Mohamed Bazoum, à partir de l'été 2022 puis, après le coup d'État qui l'a renversé le 26 juillet 2023, les forces armées nigériennes ont essuyé de nouveau des embuscades et des attaques de l'EIS dans les régions occidentales. On parle de plusieurs dizaines de soldats nigériens tués, peut-être davantage. Les forces armées du Niger se sont, à leur tour, engagées dans des ripostes meurtrières, en recourant, comme leurs voisines maliennes et burkinabè, à des frappes de drones turcs, jusque sur les bases ennemies.

Les analyses divergent sur l'efficacité de la trêve nigérienne. Certains estiment en effet que, si elle a permis d'épargner momentanément le Niger, elle a permis à l'État islamique de se renforcer et de concentrer ses forces contre le Mali.

Abou Walid Sahraoui a su instrumentaliser le conflit apparu dans les années 1990 entre des éleveurs peuls de l'ouest du Niger et des éleveurs touareg daoussak maliens, au lendemain de la rébellion touareg malienne et nigérienne qui a émancipé les Daoussak de leurs anciens maîtres. Peu considérés lors du partage du gâteau qui a suivi la rébellion, les Daoussak désormais armés s'en sont pris à leurs voisins peuls. Des vols de bétail souvent couverts par les autorités maliennes, lors d'attaques armées contre les campements peuls, ont été commis les années suivantes, poussant les Peuls nigériens à s'armer à leur tour pour se défendre. Lorsqu'en 2012 la rébellion a repris, cette milice d'autodéfense peule s'est enrôlée au sein du MUJAO contre ses ennemis qui avaient rejoint, eux, le Mouvement national pour la libération de l'Azawad (MNLA) rebelle.

L'État islamique au Sahel est apparu près de Talataye, une localité de riches éleveurs daoussak, à l'est de la région de Gao. Deux ans plus tard, une coalition des armées nigérienne, française et malienne renforcées par les miliciens touareg du MSA et du GATIA le met en déroute sur la frontière nigéro-malienne. Après le départ des armées nationales, croyant, trop tôt, l'avoir vaincu, l'EIS exerce de sanglantes représailles contre les communautés touareg locales. Puis, à la fin de 2019 et au début de 2020, le temps de reconstruire ses forces, l'EIS frappe durement les armées malienne et nigérienne en submergeant les camps avancés d'Indelimane, Inates et Sinagodar, au prix de plus de 200 morts côté Niger et 50 côté Mali. En janvier 2020, Emmanuel Macron annonce qu'il fait désormais de l'EIS sa priorité. AWAS et les autres chefs sont éliminés les mois suivants par des frappes françaises. En août 2020, près de Niamey, six jeunes humanitaires français d'ACTED et leurs deux accompagnateurs nigériens sont assassinés sur le site des girafes de Kouré.

Avec le retrait de l'armée française des camps maliens de la zone des «trois frontières» et la trêve au Niger, l'EIS reprend à nouveau des forces. Il reçoit des renforts du Nigéria et de Libye, via le Niger. Et à partir de mars 2022, il s'en prend à nouveau aux communautés touareg de la région, surtout Daoussak. Plus de 100 000 personnes doivent quitter leurs villages à la suite d'ultimatums leur enjoignant de partir ou de mourir. Des attaques suivies d'incendies, de viols, de meurtres et de pillages se multiplient. Un an plus tôt, en mars 2021, l'État islamique avait agi de la même façon au Niger, tuant des centaines de civils touareg dans la région de Tahoua et Zarma ainsi que dans la région de Tillabéri. Entre 2019 et 2021, au Burkina Faso, ce sont des communautés mossi, foulse, songhaï et bella qui avaient été frappées dans la région du centre nord.

Une fois soumis, les villageois doivent respecter l'ordre de leurs nouveaux maîtres, respecter un code vestimentaire strict et s'acquitter des taxes. Des milliers de têtes de bétail et des tonnes de céréales sont emportées au titre du butin de guerre.

Après avoir cohabité sans heurts, le JNIM et l'EIS se sont combattus à maintes reprises dans les zones de contact du Gourma et de la zone des « trois frontières ». Il en a résulté des pertes considérables pour les deux organisations : plus de 1 100 combattants tués depuis la mi-2019. Une défection de combattants de la katiba Macina au profit de l'EIS avait déclenché les hostilités en 2017. Après une année 2020 victorieuse pour le JNIM, le rapport de forces s'est inversé en 2021 et 2022 au profit de l'EIS.

Les pratiques de gouvernance de l'EIS séduisent les combattants du JNIM soumis à des règles strictes de partage du butin de guerre, tandis que les plus téméraires de leurs homologues de l'EIS sont généreusement récompensés. D'anciens bandits trouvent à l'État islamique une nouvelle dignité sociale dans le combat contre l'injustice et des gouvernements corrompus.

L'État islamique a beaucoup recruté chez les Peuls, en compétition pour l'eau et les pâturages raréfiés par les sécheresses, avec les éleveurs touareg maliens et les agriculteurs zarma et haussa nigériens. Mais des conflits de leadership à l'intérieur de ces communautés lui ont aussi permis de recruter des combattants zarma, haussa et daussak, comme de nombreux anciens esclaves touareg et peuls. Il surfe sur les frustrations liées à la gouvernance, la discrimination ethnique et sociale ainsi que l'absence de services sociaux de base. La brutalité et le fait de ne faire aucune différence entre civils et militaires caractérisent l'État islamique. Les ressources financières principales de l'EIS sont les taxes, le pillage, le vol et le commerce du bétail. Les enlèvements sont beaucoup plus rares qu'au JNIM. Mais l'organisation prélève des droits de passage et pratique le racket, notamment aux dépens des transporteurs et des opérateurs de téléphonie.

Comme au JNIM, la vengeance, la solidarité familiale et clanique, la revanche sociale, l'aspiration à plus de justice et à un ordre islamique dit « traditionnel » sont les moteurs principaux des combattants à côté de la distribution de motos, d'armes et d'argent.

ANNEXE N°2 : LA COMMUNAUTÉ ÉCONOMIQUE DES ÉTATS DE L'AFRIQUE DE L'OUEST

La **Communauté économique des États de l'Afrique de l'Ouest** (**CEDEAO**) réunit 15 États membres, du Sénégal au Nigeria (Bénin, Burkina Faso, Côte d'Ivoire, Gambie, Ghana, Guinée, Guinée-Bissau, Libéria, Mali, Niger, Nigeria, Sénégal, Sierra Leone, Togo). Conçue le 28 mai 1975 sur le modèle de l'Union européenne, l'organisation a pour objet de faciliter la circulation des personnes et des biens au service de l'intégration économique régionale.

Avec le temps, elle a tenté de s'ériger en puissance politique à travers la création, en 1990, de l'Economic Community of West African States Cease-fire Monitoring Group (ECOMOG), groupe militaire d'intervention devenu permanent en 1999 et rebaptisé, en 2017, Force africaine en attente.

L'ECOMOG est intervenu, avec un succès très mitigé, dans les guerres civiles du Libéria, de Sierra Leone et de Guinée-Bissau, ainsi que dans la crise politique gambienne.

Pour la première fois depuis le départ de la Mauritanie en 2000, trois pays membres ont annoncé leur départ, le 28 janvier 2024 : le Mali, le Niger et le Burkina Faso, sous le coup de sanctions de la CEDEAO après l'arrivée au pouvoir de régimes militaires, respectivement en 2021, 2023 et 2022. Ces trois pays représentent la moitié de la superficie de la communauté ouest-africaine.

L'organe politique de la CEDEAO est la conférence des chefs d'État et de gouvernement. Cette structure est souvent décrite par la *vox populi* comme un syndicat de chefs d'État. Elle dispose également d'un conseil des ministres, d'un parlement et d'une cour de Justice. La commission, composée de neuf commissaires issus des pays membres, assure le secrétariat des chefs d'État.

Le conflit avec les États membres de l'Alliance des États du Sahel, à l'automne et l'hiver 2023, s'est cristallisé autour de l'interprétation du protocole additionnel sur la démocratie et la bonne gouvernance additionnelle au protocole relatif au mécanisme de prévention, de gestion, de règlement des conflits, de maintien de la paix et de la sécurité, adopté à Dakar le 21 décembre 2001. En son article 45, il énumère les sanctions pouvant être prononcées contre un État membre « en cas de rupture de la démocratie par quelque procédé que ce soit. » Ces sanctions vont du « refus de soutenir les candidatures présentées par l'État membre concerné à des postes électifs dans les organisations internationales » au « refus de tenir toute réunion de la CEDEAO dans l'État membre concerné » et à la « suspension de l'État membre concerné dans toutes les Instances de la CEDEAO. » Aucune mesure de sanction économique et financière n'est prévue par les textes.

Annexe n°3 : La Mauritanie

On observe, sur le territoire de l'actuelle Mauritanie, des traces de présence humaine remontant au paléolithique, avant la désertification à la fin du néolithique. Depuis deux mille ans, pasteurs berbères puis guerriers arabes venus de l'ouest et de l'est se sont ensuite disputé cet espace, en partie absorbé par l'empire du Mali et l'empire songhaï jusqu'à l'arrivée des Arabes Hassan venus du nord au xve siècle.

Les Maures résistent longtemps à la colonisation française qui s'impose à la moitié du xixe siècle, à partir de Saint-Louis du Sénégal.

Le 28 novembre 1958, la Mauritanie devient une République islamique autonome au sein de la Communauté française, puis proclame son indépendance **le 28 novembre 1960**. Le président Moktar Ould Daddah et son Parti du peuple mauritanien dominent le pays. Dès 1966, des tensions opposent Arabo-Berbères et Négro-Africains. Au début des années 1970, sous la pression de mouvements nationalistes de gauche, Ould

Daddah se radicalise. Il rompt avec le franc CFA et la coopération française, et nationalise la société d'exploitation des mines de fer. À la même période, la décolonisation du Sahara espagnol et son partage entre le Maroc et la Mauritanie déclenchent le conflit du Sahara occidental. Le Front Polisario mène des actions de guérilla qui pénalisent durement l'économie mauritanienne. **Le 10 juillet 1978**, Moktar Ould Daddah est renversé par un coup d'État militaire dirigé par le colonel Ould Salek. **Le 7 août 1979**, la Mauritanie signe à Alger un accord avec le Front Polisario, renonçant à toute revendication sur le Sahara occidental. De 1978 à 1984, plusieurs colonels se succèdent au pouvoir. **Le 12 décembre 1984**, le colonel Maaouiya Ould Sid'Ahmed Taya s'impose, alors que la contestation des esclaves et ex-esclaves noirs des Maures, les Haratine, est à son comble. Malgré l'abolition de l'esclavage décrétée en 1981, les populations noires du pays s'opposent au pouvoir maure. Une tentative de coup d'État émanant d'officiers noirs échoue et des incidents raciaux dégénèrent en massacres et en déportation de masse à la frontière sénégalaise, en **avril 1989**. Ould Taya est élu président le 24 janvier 1992 et réélu le 12 décembre 1997, lors de scrutins boycottés par l'opposition. Au début des années 2000, la Mauritanie connaît plusieurs tentatives de putschs et plusieurs élections contestées, jusqu'au renversement final d'Ould Taya, **le 3 août 2005**. La transition de deux ans qui s'ensuit conduit à l'entrée à l'Assemblée de femmes et à l'arrivée au pouvoir de la Coalition des forces du changement démocratique (CFCD). Mais le vainqueur de la présidentielle, **le 25 mars 2007**, Sidi Mohamed Ould Cheikh Abdallahi est submergé par une crise économique et politique, et il est renversé à son tour le 6 août 2008. L'ex-chef d'état-major du président et commandant de la garde présidentielle, Mohamed Ould Abdel Aziz, dirigeant de la junte, est élu président de la République **le 18 juillet 2009** et réélu le 21 juin 2014, à l'occasion de scrutins émaillés de boycotts et dans un contexte de pression terroriste, d'ouverture manquée au dialogue, malgré le soutien occidental du régime. Le 22 juin 2019, le dauphin d'Ould Aziz, Ould Ghazouani, ex-chef d'état-major et ministre de la Défense dans le gouvernement sortant, est élu président de la République, il fait poursuivre et incarcérer son prédécesseur pour des malversations financières.

Annexe n°4 : Le Mali

Plusieurs royaumes et empires se sont succédé sur l'espace du Mali actuel entre le VIIe et le XIXe siècle, fruits des rapports de force entre les différentes communautés et des convoitises extérieures : l'empire du Ghana (VIIIe-XIIIe s.), l'empire du Mali (XIIIe-XIVe s.), l'empire songhaï (XIVe-XVIIIe s.), le royaume du Macina au temps des grands djihads peuls du XIXe siècle, avant la colonisation française.

La République du Mali naît **le 22 septembre 1960**, sous l'égide de son président socialiste Modibo Keïta, qui dirige l'Union soudanaise-Rassemblement démocratique africain (US-RDA). Un embryon de rébellion des chefs touareg de Kidal est écrasé brutalement en 1963. Des errements ainsi qu'une crise économique et monétaire précipitent la chute du président, qui est renversé par de jeunes officiers **le 19 novembre 1968** et meurt en détention neuf ans plus tard.

Le lieutenant Moussa Traoré s'impose à la tête d'un régime militaire dur, d'inspiration économique libérale. À l'orée des années 1990, les affrontements avec l'opposition politique et sociale dégénèrent en soulèvement populaire et un groupe de militaires, conduit par le lieutenant-colonel Amadou Toumani Touré, s'empare finalement du pouvoir **le 26 mars 1991**. Dès lors, le multipartisme s'installe, à la fin d'une transition d'un an. **Le 12 avril 1992**, l'universitaire Alpha Oumar Konaré est élu président à la tête de l'Alliance pour la démocratie au Mali (ADEMA). Il est réélu en 1997 lors d'un scrutin controversé puis cède le pouvoir à Amadou Toumani Touré (ATT) qui a rangé la tenue militaire. Très populaire depuis la transition de 1991, ATT est élu **le 12 mai 2002**, tandis que le grand parti ADEMA se déchire dans des querelles de personnes.

Ces décennies démocratiques sont marquées par des efforts de développement, un début de décentralisation, mais aussi des rébellions à répétition à partir de la Libye voisine où se sont enrôlés, depuis les années 1980, de jeunes Touareg ruinés par les sécheresses.

Le système de gouvernement d'ATT repose sur une logique de consensus et de partage du pouvoir, mais il pèche par une corruption endémique et sa faiblesse, notamment à l'égard des combattants djihadistes algériens installés dans le nord du pays depuis le début des années 2000. **Le 17 janvier 2012**, les indépendantistes du Mouvement national pour la libération de l'Azawad (MNLA), rejoints par le groupe Ansar Dine d'Iyad Ag Ghali, attaquent l'armée malienne et la chassent des régions du nord. Le MNLA est vite évincé par les groupes djihadistes qui prennent le contrôle de Tombouctou, Gao, Menaka et Kidal. Cette occupation prendra fin avec le début de l'opération française Serval, **le 11 janvier 2013**. Dans l'intervalle, une mutinerie ayant dégénéré en coup d'État a renversé ATT. Serval détruit la moitié des djihadistes et les disperse. L'armée et l'État maliens se réinstallent dans le nord du pays. La transition prend fin et Ibrahim Boubacar Keita (IBK), une figure de l'ex-ADEMA fondateur du Rassemblement pour le Mali, devient président **le 4 septembre 2013**. Ce mandat est marqué par la signature de l'accord de paix dit d'Alger, en 2015, un fort soutien des partenaires extérieurs du Mali et l'installation du contingent français, qui devient l'opération Barkhane, **le 1er août 2014**. Mais les djihadistes gagnent du terrain, l'accord d'Alger piétine et les affaires de corruption prolifèrent. Mal réélu le 12 août 2018, alors que son principal opposant, Soumaïla Cissé, est otage de la katiba Macina, IBK ne semble plus tenir le pays. La capitale s'enflamme à partir de juin 2020. Des manifestations organisées par une coalition de mouvements dégénèrent. La répression fait plusieurs morts dans la rue et autour de la mosquée bamakoise de l'imam salafiste, Mahmoud Dicko. **Le 18 août 2020**, les militaires s'emparent du pouvoir et arrêtent le président.

Le Comité national pour le salut du peuple (CNSP) confie la présidence de la transition à un ancien ministre de la Défense, Bah N'Daw. **Le 24 mai 2021**, après l'annonce d'un remaniement ministériel évinçant deux des quatre colonels putschistes, Bah N'Daw et son Premier ministre sont interpellés. Le colonel Assimi Goïta, ancien commandant des forces spéciales, assume alors la présidence. Cet événement provoque un tollé de la communauté internationale qui sanctionne le Mali et entraîne un retournement diplomatique : Bamako se tourne vers la Russie. En 2022, les autorités exigent le départ des soldats français puis, l'année suivante, des soldats onusiens.

Annexe n°5 : Le Tchad

Peintures rupestres et sites archéologiques attestent d'une présence humaine ancienne sur le territoire du Tchad actuel, avant la désertification de la région. Le lac Tchad a été un bassin de population sur les routes du commerce du natron et des esclaves. Les empires du Kanem (ixe au xiiie siècle), du Kanem-Bornou (xvie au xixe siècle), du Ouaddaï (xive au xviiie siècle) et le sultanat du Baguirmi au xvie siècle se sont succédé et partagé l'espace, non sans rivalités. Au xixe siècle, dans le contexte des grands djihads peuls qui secouent la région, le chef de guerre soudanais Rabah lève une armée et s'empare du pays. Mais il se heurte aux ambitions de la France de l'époque, en compétition avec la Grande-Bretagne pour la conquête du lac Tchad. **Le 22 avril 1900**, Rabah est tué dans une bataille contre l'armée française. Le Tchad est placé sous administration militaire.

La section locale du Rassemblement démocratique africain domine la vie politique naissante dans les années 1950, surtout au sein des populations du sud. Le Tchad devient indépendant

le 11 août 1960, sous l'égide d'un sudiste protestant, François Tombalbaye.

Tombalbaye s'appuie sur une administration sudiste décriée, et le clivage entre sudistes chrétiens et nordistes musulmans s'aggrave. La révolte éclate dans le Guéra puis gagne le nord en 1968. Une intervention militaire française écrase cette rébellion l'année suivante, tandis que les rebelles en exil créent un Front de libération nationale du Tchad (Frolinat). Les relations se dégradent avec le voisin libyen, dirigé par le jeune colonel Mouammar Kadhafi. La rébellion vaincue, Tombalbaye tente une politique de réconciliation et un rapprochement avec la Libye, mais Tripoli s'empare en 1973 de la bande d'Aouzou. Le président affaibli est assassiné **le 13 avril 1975**, lors d'un coup d'État qui porte au pouvoir le Conseil supérieur militaire présidé par le général Félix Malloum et composé surtout de personnalités sudistes.

En 1977, le Frolinat de Goukouni Oueddeï monte en puissance, appuyé par la Libye. Il s'empare de Faya-Largeau **le 17 février 1978** et, malgré un cessez-le-feu, il faudra une deuxième intervention française pour sauver la capitale. Le Frolinat éclate ensuite entre ses deux chefs : Goukouni Oueddeï et Hissène Habré, originaire du nord, qui négocie séparément avec le général Malloum et devient le Premier ministre de ce dernier. Mais l'alliance ne tiendra que quelques mois et leur rupture, **le 12 février 1979**, embrase le pays où s'affrontent les Forces armées tchadiennes de Malloum et les Forces armées du Nord (FAN) de Habré. Civils nordistes et sudistes s'entretuent dans les villes du sud. L'armée libyenne intervient et se retire un an plus tard à la demande de la France, permettant à Hissène Habré de prendre le pouvoir à la faveur d'un coup d'État, **le 7 juin 1982**, contre Goukouni Oueddeï qui préside le gouvernement d'union nationale. Habré gouverne jusqu'à la fin des années 1980.

Sa chute viendra du Soudan, où sont réfugiés son conseiller militaire Idriss Déby et ses partisans. Fin 1989, ils mènent des attaques à partir du Darfour et s'emparent de N'Djamena, **le 1er décembre 1990**, avec l'appui de la France. Idriss Déby est désigné chef de l'État, s'appuyant sur son ethnie, les Zaghaoua. Une transition démocratique s'installe et le climat politique se détend. Déby est élu président **le 8 août 1996**, malgré l'opposition du sud. Les relations se normalisent avec la Libye et la bande d'Aouzou est rendue au Tchad en mai 1994. Plusieurs insurrections éclatent ponctuellement et se soldent par des cessez-le-feu et des intégrations. Déby est réélu en 2001, en 2006, en 2011 et en 2016. En 2013, Idriss Déby engage l'armée tchadienne en première ligne au Mali, aux côtés de l'armée française, et s'impose comme chef de guerre incontournable dans la région. Juste après l'annonce de sa cinquième réélection, le 19 avril 2021, il meurt dans des circonstances troubles. Son fils Mahamat Idriss Déby prend la tête d'une transition prolongée jusqu'aux élections prévues le 6 mai 2024, auxquelles il sera candidat.

Annexe n°6 : Le Burkina Faso

L'histoire ancienne du Burkina Faso est encore mal connue. Les premières sources attestent de royaumes mossi conquis à partir du XIe siècle et dirigés par des nabas à Ouagadougou, au centre, Yatenga, au nord et dans le Gourma, à l'est. La tutelle mossi est limitée à l'ouest par les marchands dioula, qui fondent Bobo-Dioulasso, et au nord par le peuplement peul. Islamisés, les éleveurs peuls s'organisent en émirats, notamment au Liptako, lors des grands djihads du XIXe siècle.

À la fin du même siècle, la colonisation française met en déroute Samori Touré et s'installe sous régime militaire. Les frontières de la colonie changent plusieurs fois. La France enrôle massivement les tirailleurs de la Haute-Volta, lors des deux guerres mondiales, et les travailleurs dans le cadre du travail forcé sur le chemin de fer.

Adossé au Rassemblement démocratique africain (RDA) de l'Ivoirien Félix Houphouët-Boigny, Maurice Yameogo devient le premier président de la Haute-Volta indépendante, **le 5 août 1960**. Le régime est de type autoritaire et la gestion erratique.

Le pays est secoué par de grandes protestations et le chef d'état-major de l'armée, le lieutenant-colonel Sangoulé Lamizana, prend le pouvoir par un coup d'État le 3 **janvier 1966.** Ce régime militaire reste proche du chef de l'État ivoirien. Il est brutal et austère sur le plan budgétaire. Il est renversé par un autre militaire, le colonel Saye Zerbo, **le 25 novembre 1980,** dans un nouveau contexte de grève et de manifestations. Puis ce dernier est chassé du pouvoir, le 7 novembre 1982, par le commandant Jean-Baptiste Ouedraogo. Le **4 août 1983**, un nouveau coup d'État militaire, conduit par le capitaine Thomas Sankara, installe un régime révolutionnaire et rebaptise le pays. La Haute-Volta devient le Burkina Faso. Sankara s'appuie sur les jeunes et les femmes pour tenter de dominer les forces conservatrices du pays. Des Comités de défense de la Révolution sont confiés aux jeunes à tous les niveaux d'organisation. La trajectoire du Burkina Faso, proche de la Libye et du bloc socialiste, inquiète ses voisins, en particulier la Côte d'Ivoire. Sankara est tué par son frère de lait, Blaise Compaoré, **le 15 octobre 1987.** S'ensuit un long règne d'hégémonie du Congrès pour la démocratie et le progrès (CDP) qui renoue avec la carte diplomatique pro-occidentale. La mobilisation populaire qui suit l'assassinat du journaliste Norbert Zongo, **le 13 décembre 1998**, marque un tournant dans la peur qu'inspire le régime. Alors qu'il projette de briguer un nouveau mandat, Blaise Compaoré est finalement renversé par une insurrection populaire, **le 31 octobre 2014**, avant de quitter le pays sous la protection de l'armée française. Une transition démocratique est annoncée par les nouvelles autorités sous l'égide du lieutenant-colonel Isaac Zida. Après des turbulences au sein de l'armée, les premières élections libres se tiennent finalement **le 29 novembre 2015.** Roch Marc Christian Kaboré est élu aux couleurs du Mouvement du peuple pour le progrès, fondé par plusieurs cadres du CDP. Mais la guerre qui fait rage au Mali atteint le Burkina Faso. Plusieurs attaques terroristes complexes frappent la capitale en 2016 et 2018, et les groupes djihadistes s'installent dans le nord et l'est du pays, qui s'embrasent sous l'effet des attaques terroristes et des représailles des miliciens traditionnels Koglweogo. La détérioration de la sécurité et la mauvaise gestion de la défense exaspèrent l'armée et les populations. Réélu pour un deuxième mandat le 28 décembre 2020, Roch Marc Christian Kaboré est renversé **le 24 janvier 2022.** Le lieutenant-colonel Paul-Henri Sandaogo Damiba lui succède le 10 février 2022, déchu, **le 30 septembre** de la même année, par le capitaine Ibrahim Traoré, qui invoque le souvenir de Sankara pour mobiliser les jeunes et les volontaires de la patrie, une unité créée par Kaboré. Ibrahim Traoré se rapproche de la junte au pouvoir au Mali, qui le met en relation avec la Russie, et il exige le départ de l'armée française. La violence atteint des niveaux jamais vus.

Annexe n°7 : Le Niger

Situé en périphérie des empires songhaï (x^e au xvie s.) à l'ouest, du Kanem-Bornou (xive au xvie s.) à l'est, et des cités haussa (xiie au xixe s.) au sud, le Niger est colonisé par la France à la fin du xixe siècle, à l'occasion d'une compétition acharnée avec les Britanniques pour la conquête du lac Tchad.

Le 3 août 1960, le pays accède à l'indépendance. Hamani Diori, un ancien élève de l'école normale William Ponty, est élu Président au titre du Parti Progressiste Nigérien-Rassemblement Démocratique africain (PPN-RDA). Il est alors fortement combattu par Djibo Bakary et son parti Sawaba, d'inspiration socialiste, qui sera finalement écrasé et contraint à l'exil avec l'aide de Paris.

Diori Hamani reste dans le giron français et engage l'exploitation de l'uranium en partenariat avec la Cogema à partir de 1968. Le minerais est intégralement exporté vers la France dans le cadre des accords de coopération économique signés en 1961 avec l'ancienne puissance coloniale.

En 1973, une sécheresse sévère frappe toute la région du Sahel. **Le 15 avril 1974,** Diori Hamani est renversé par un coup d'État militaire conduit par le lieutenant-colonel Seyni Kountché. Le Conseil militaire suprême prend les rênes du pays, accusant le régime déchu de corruption. En 1984, une nouvelle grande sécheresse touche le nord du pays et détruit le cheptel. Le 11 novembre 1987, Seyni Kountché meurt d'une tumeur au cerveau et il est remplacé par son chef d'état-major, Ali Saibou, qui conduira, finalement, au multipartisme. **En mars 1993.** Mahamane Ousmane est élu Président au titre d'un parti social-démocrate : la Convention démocratique et sociale-Rahama. En 1995, s'ouvre une cohabitation tumultueuse entre le Président et son Premier ministre, Hama Amadou, issu de l'ancien parti unique, le Mouvement national pour une société de développement-Nassara (MNSD).

Le 27 janvier 1996, le colonel Ibrahim Baré Maïnassara, chef d'état-major particulier du Président, le renverse par un coup d'État. Il fait adopter une constitution de type présidentiel, remporte des élections contestées et il est tué par sa garde à la mitrailleuse lourde **le 9 avril 1999,** après plusieurs années de crise économique, sociale et politique. Après une transition de neuf mois, Mamadou Tandja, ancien militaire et leader du MNSD-Nassara, est élu, **le 24 novembre 1999,** à la présidence du Niger. Il gouverne dans le cadre d'une coalition solide avec la CDS de Mahamane Ousmane, scellant l'alliance des régions ouest et est du pays. Il est réélu en 2004 pour un deuxième mandat de cinq ans. Mais il est renversé par un coup d'État **le 18 février 2010**, après s'être maintenu au pouvoir pour une prolongation non autorisée par la Constitution. Le général Salou Djibo préside la transition. Des élections générales et présidentielles sont organisées en **2011. Le 7 avril**, le socialiste Mahamadou Issoufou est élu avec le soutien de Hama Amadou, qui a, dans l'intervalle, créé son propre parti, le Lumana, issu d'une scission du MNSD-Nassara. Mais les deux hommes rompent leur alliance deux ans plus tard et dès lors, le Parti nigérien pour la démocratie et le socialisme règne en maître sur le pays, avec l'appui marginal de plusieurs petits partis.

Les menaces sécuritaires font leur apparition avec des enlèvements d'otages occidentaux en 2009 et 2010, puis la contagion au Niger de la secte intégriste nigériane Boko Haram. La situation se dégrade ensuite dans l'ouest du pays, sous la pression de l'Etat islamique au Grand Sahara, apparu au Mali en 2015. Dès lors, la sécurité occupe une place prépondérante dans l'agenda politique et diplomatique du Niger, fortement soutenu par ses alliés occidentaux. Elle mobilise une part croissante des ressources du pays, dans un contexte de corruption galopante. A l'issue du deuxième mandat de Mahamadou Issoufou – réélu en 2016 sans adversaire après un boycott du 2e tour et l'emprisonnement de son principal challenger Hama Amadou – le dauphin désigné du Président au Parti Nigérien pour la Démocratie et le Socialisme (PNDS) est porté au pouvoir **le 21 février 2021**. L'élection de Mohamed Bazoum est, elle aussi, émaillée de nombreuses contestations.

Le 26 juillet 2023, le commandant de la Garde présidentielle, le général Abdourahmane Tiani, un fidèle de Mahamadou Issoufou, s'empare de Mohamed Bazoum et, à l'issue d'une journée de tractations au sein de l'armée, devient président du nouveau régime d'exception : le Conseil national pour la Sauvegarde de la Patrie.

Table des matières